ACCESO GRATIS ***a la Lectura en la Nube***

Para visualizar el libro electrónico en la nube de lecture envíe junto a su nombre y apellidos una fotografía del código de barras situado en la contraportada del libro y otra del ticket de compra a la dirección:

ebooktirant@tirant.com

En un máximo de 72 horas laborales le enviaremos el código de acceso con sus instrucciones.

DESPERTARES DE TIGRE

La cultura jurídico-política decimonónica desde la poesía

DESPERTARES DE TIGRE

La cultura jurídico-política decimonónica desde la poesía

Introducción, selección y notas

MANUEL DE J. JIMÉNEZ MORENO

tirant lo blanch
Ciudad de México, 2023

En caso de erratas y actualizaciones, la Editorial Tirant lo Blanch publicará la pertinente corrección en la página web tirant.com/mx.

Este libro será publicado y distribuido internacionalmente en todos los países donde la Editorial Tirant lo Blanch esté presente.

Esta obra pertenece a la Colección Editorial Rumbo al Bicentenario. Centro de Investigaciones Judiciales de la Escuela Judicial del Estado de México. Calle Leona Vicario núm. 301, Col. Santa Clara C.P. 50090, Toluca, Estado de México Tel. (722) 167 9200, Extensiones: 16821, 16822, 16804. Página web: http://www.pjedomex.gob.mx/ejem/

Centro de Investigaciones Judiciales de la Escuela Judicial del Estado de México

Calle Leona Vicario núm. 301, Col. Santa Clara
C.P. 50090, Toluca, Estado de México
Tel. (722) 167 9200, Extensiones: 16822, 16804, 15196 y 15178.
Página web: http://www.pjedomex.gob.mx/ejem/

Editor responsable:
Juan Carlos Abreu y Abreu
Director del Centro de Investigaciones Judiciales

Editora ejecutiva:
María Fernanda Chávez Vilchis

Equipo Editorial:
Orlando Aramis Aragón Sánchez
Jessica Flores Hernández

DISTRIBUYE: TIRANT LO BLANCH MÉXICO
Av. Tamaulipas 150, Oficina 502
Hipódromo, Cuauhtémoc,
CP 06100, Ciudad de México
Telf: +52 1 55 65502317
infomex@tirant.com
www.tirant.com/mex/
www.tirant.es
ISBN: 978-84-1197-580-3
MAQUETA: Innovatext

Si tiene alguna queja o sugerencia, envíenos un mail a: atencioncliente@tirant.com. En caso de no ser atendida su sugerencia, por favor, lea en www.tirant.net/index.php/empresa/politicas-de-empresa nuestro Procedimiento de quejas.

Responsabilidad Social Corporativa: http://www.tirant.net/Docs/RSCTirant.pdf

«Con los oprimidos había que hacer causa común, para afianzar el sistema opuesto a los intereses y hábitos de mando de los opresores. El tigre, espantado del fogonazo, vuelve de noche al lugar de la presa. Muere echando llamas por los ojos y con las zarpas al aire. No se le oye venir, sino que viene con zarpas de terciopelo. Cuando la presa despierta, tiene al tigre encima»

José Martí

A la memoria de Iván Rodríguez Chávez.

JUNTA GENERAL ACADÉMICA

Índice

MANUEL GONZÁLEZ PRADA (1844-1918)

ROSA ARANEDA (C. 1850-C. 1894)

JOSÉ MARTÍ (1853-1895)

SALVADOR DÍAZ MIRÓN (1853-1928)

MANUEL GUTIÉRREZ NÁJERA (1859-1895)

RUBÉN DARÍO (1867-1916)

MARÍA EUGENIA VAZ FERREIRA (1875-1924)

Republicanismos literario y político en América Latina: resistencias, legalidades y reformas poéticas decimonónicas

I. LA POESÍA JURÍDICO-POLÍTICA EN NUESTRA AMÉRICA

Para comprender la poesía que se cultivó, publicó y, sobre todo, recitó durante el intenso siglo XIX latinoamericano en un sinfín de academias, cenáculos y tertulias es necesario comprender el campo de producción literario en nuestros países, un territorio traspasado por la geografía, la política, la economía y derecho. No se trata solo de caracterizar en los sujetos las corrientes artísticas del momento, a saber, el neoclasicismo, el romanticismo y el modernismo —muchas veces hibridadas y entrecruzadas por los propios poetas—, sino de entender el sentido ideológico de los procesos de construcción nacional y las coyunturas bélicas que dotaron a la poesía, en muchos casos, de una necesaria función política. Esto puede observarse a partir de un dualismo que dividía en dos la creatividad del poeta y en el que se reproducían, en el caso de José Martí, «las pugnas internas de una escritura intensificada y puesta en movimiento por la doble pulsión de ese sujeto intersticial, ubicado entre las dos patrias —Cuba y la noche— del memorable texto de *Versos libres*».[1]

---

1 Ramos, Julio, *Desencuentros de la modernidad en América Latina: literatura y política en el siglo XIX*, Buenos Aires: CLACSO, 2021, p. 364.

De este modo, y más allá del ejercicio lírico que operó gracias al apego de las tradiciones hispanas y europeas, surgió una urgencia paralela de cultivar la poesía política a modo de un cauce poético inicial que trató de ensamblarse en los movimientos independentistas a lo largo del continente, una vía posterior que buscó cimentar las nuevas instituciones políticas o constitucionales y un tercer camino que se unió a las causas revolucionarias y bélicas particulares. Todos estos cauces pretendían esbozar un proyecto de nación a partir de la afinidad con una postura partidista o ideológica. Para muchos escritores, escribir poesía a principios del siglo XIX significaba fundar simbólicamente una tradición y enfrentarse a una inmensa hoja en blanco[2] para recrear las instituciones heredadas por el antiguo régimen.[3]

---

2 Sobre esto, hay que recordar que «Como el territorio que quiere dibujar, no tiene *un* nombre propio: Hispanoamérica, Iberoamérica, Latinoamérica, Afroindoiberoamérica son algunas de las designaciones que intentan apresarlo y que, más que hablar de éste, expresan bien el gesto de quien así lo nombra y pretende tomar la palabra por él. No en vano, definir el continente, soñarlo, darle un nombre ha sido una de las actividades intelectuales más reiteradas a lo largo de la historia de las comunidades híbridas que cada designación deja al margen o ampara. De ahí que, por lo menos desde el siglo pasado, el acto de reunir un conjunto de textos literarios que evoquen una realidad supranacional, tantas veces definida y tan poco definible, ha sido, pese a su desmesura, una actividad necesaria, polémica, concomitante del proceso de conformación imaginaria de *nuestra* identidad». Guzmán Moncada, Carlos, *De la selva al jardín. Antologías poéticas hispanoamericanas del siglo XIX*, México: FFyL UNAM, 2000, p. 3.

3 Varias de las ideas expuestas en este texto, particularmente la iuspoética y la poesía política, así como las reflexiones en torno a la ciudad letrada, fueron retomadas y refundadas a partir de mi tesis doctoral: Jiménez Moreno, Manuel de Jesús, *Una lectura de poemas jurídicos: del derecho a la justicia en América Latina*, México, tesis para obtener el grado de Doctor en Estudios Latinoamericanos (campo de estudio Literatura y crítica literaria), México: UNAM, 2021.

Es común escuchar y leer que el impulso ideológico de los caudillos y los idearios independentistas se fundaron en un estudio y un compromiso liberal principalmente deudores de la ilustración francesa, el modelo republicano estadounidense y el intercambio en centros neurálgicos de formación ideológica como la ciudad de Londres, por donde pasaron Miranda, Bello, Bolívar y Mier, entre otros. Para Simón Rodríguez, el genio venezolano que imaginó y luchó por la refundación de las *sociedades americanas*, la palabra 'liberal' «ha significado *dadivoso*, tal vez porque el que da *libra o liberta* de una dependencia incómoda: en este sentido decían los antiguos Españoles *liberación*, por poner en libertad. Algunas artes se llaman *liberales*, porque teniendo más parte en ellas el espíritu que el cuerpo, parecen descargar a este de un trabajo».[4] Para el antiguo maestro de Bolívar, el liberalismo entendido en sentido amplio significaba un conjunto de ideas opuestas a la servidumbre, es decir, un andamiaje de pensamiento que liberaba a los americanos.

Sin embargo, después se fue acotando y especificando la noción de *liberal*. Desde el constitucionalismo, Roberto Gargarella ha reflexionado sobre la historia de las ideas constitucionales que han ido sucediéndose en América Latina y, en ese sentido, enlaza los proyectos institucionales con las subjetividades políticas: radicales o republicanos, liberales y conservadores. Así, en los orígenes del derecho constitucional, aquel que ocurrió entre 1810 y 1850, se reconocen tres posiciones o ejes ideológicos:

---

4 Cfr. Rodríguez, Simón, *Sociedades americanas en 1828. Edición facsimilar, documentada y anotada de los cinco impresos que conforman el proyecto editorial*, M. del Rayo Ramírez Fierro, R. Mondragón Velázquez y F.I. Cervantes Becerril (coords.), México: Universidad Autónoma Metropolitana-Iztapalapa, 2018. 6 vols., 479 pp. Disponible en: <https://simonrodriguez.com.mx/>.

> [...] una que tendió a reivindicar el ideal del autogobierno, aún en sacrificio del ideal de la autonomía individual (el republicanismo); otra que privilegió el ideal de la autonomía individual, aún a costa de establecer fuertes limitaciones sobre la idea de autogobierno (el liberalismo); y una tercera, que en pos de ciertos valores supraindividuales y extracomunitarios, aceptó desafiar ambos ideales (el conservadurismo).[5]

Volviendo a la poesía, en América Latina concurrió un flujo dinámico de literatura de *liberación* —como la habría leído Rodríguez y la lee ahora Dussel— que puede rastrearse desde los movimientos independentistas. De hecho, la voz y el concepto 'América Latina' es, en muchos sentidos, una visión revolucionaria que en gran medida debemos a un pensador toral: Francisco de Bilbao.[6] En 1856, Bilbao politizó la idea en su conferencia parisina titulada «Iniciativa de la América. Idea de un Congreso Federal de las Repúblicas». Casi al mismo tiempo, el poeta colombiano José María Torres Caicedo dio a conocer su famoso poema «Las dos Américas», en el que distinguió la América sajona y la América latina.[7]

---

5 Gargarella, Roberto, *La sala de máquinas de la Constitución. Dos siglos de constitucionalismo en América Latina (1810-2010)*, Buenos Aires: Katz, 2014, p. 22.

6 Para revisar un estudio de la obra de este personaje chileno, véase Mondragón, Rafael, *Filosofía y narración. Escolios a tres textos del exilio argentino de Francisco de Bilbao (1858-1864)*, México: Centro de Investigaciones sobre América Latina y el Caribe-UNAM, 2015.

7 El poema se publicó en febrero de 1857, en *El Correo de Ultramar.* Desde el inicio se comenta que la América del norte es «rica, potente, activa y venturosa». Esta América que alcanzó su independencia y prosperidad económica se opone a la América del Sur, que es la América Latina. Se considera que junto con la referencia al poema y los textos del chileno Francisco Bilbao, se usó por primeras veces la expresión 'América Latina'. La estrofa del poema dice: «Mas aislados se encuentran, desunidos, / esos pueblos nacidos para aliarse:

Décadas antes de esa publicación, la poesía contribuyó a difundir el mensaje emancipatorio de las naciones americanas que aún buscan formarse y darse a sí mismas una identidad. En una nota crítica de la edición publicada por la Biblioteca Ayacucho de la citada *Poesía de la independencia,* Emilio Carilla expone en estos términos el sentido fundacional de estos primeros poemas: «Se trata, ni más ni menos, de la poesía de comienzos del siglo XIX. Época un tanto alejada ya de nuestros días, con distancias que no borran el injusto olvido, total o casi total, en que hoy se la tiene. Como he dicho, no es necesario hinchar exageradamente sus méritos (cosa difícil), sino de recordar, siquiera como deuda de gratitud, aquellos tributos literarios que nos dejaron los hombres que combatieron por nuestra independencia política».[8] Gracias a estos poemas, cantos y rimas iniciales cobró vigor la formación de la identidad y la fundación cultural de nuevos estados naciones, y poco a poco fue consolidándose un sentimiento nacionalista. Estas piezas de historia de las literaturas nacionales derivaron en la categoría de *poesía cívica,* también llamada *poesía patria.*[9]

La poesía, como muchas otras expresiones culturales, se volcó hacia las formaciones nacionales y, sin cortar con el legado colonial, rediseñó los edificios institucionales. Para

---

/ La unión es su deber, / su ley amarse: / Igual origen tienen y misión;/ la raza de la América latina, / al frente tiene la sajona raza, / enemiga mortal que ya amenaza / su libertad destruir y su pendón».

8 Carilla, Emilio (ed.), *Poesía de la independencia,* Caracas: Biblioteca Ayacucho, 1979, p. XXXVI.

9 En este sentido, se ha observado que los poetas «ofrecen un género no cultivado hasta entonces: la poesía cívica. En los tres siglos coloniales abundaron los poetas religiosos, bucólicos, los que cantaron el amor en la forma únicamente tolerable en la época: pero no hubo, ni podía haber, poetas de entonación cívica. El triunfo de la Independencia hace posible este género lírico». Jiménez Rueda, Julio, *Letras mexicanas en el siglo XIX,* México: FCE, 1989, p. 70.

entender este fenómeno, es preciso acudir a lo que Ángel Rama denomina *ciudad letrada,* locución que hace referencia a la puesta en movimiento de una visión lógica, moderna y ordenada de los centros de poder que se construyeron después de la conquista. La cuadrícula urbana expuesta en cualquier asentamiento civil, los órganos administrativos como las Reales Audiencias y las burocracias llegadas desde la península fueron las herramientas que posibilitaron la articulación de un *status* dependiente, pero diferente, del europeo. Rama describe de modo análogo una ciudad ordenadora y una ciudad escrituraria para posibilitar la comprensión del proceso que finalizó con la confirmación de la ciudad letrada.[10]

El sentido de la ciudad escrituraria emergió porque la *polis* fue el registro documental al que se recurrió —y que se utilizó— para llenar y certificar la «hoja en blanco» que simbolizaba el nuevo territorio, las poblaciones y los recursos americanos. Esta idea coincide con la importancia que Roberto González Echevarría atribuye a la escritura y el estilo notarial que se observa en algunas crónicas de conquista y en los escritos de otros autores de la época.[11] Los letrados

---

10 Cfr. Rama, Ángel, *La ciudad letrada,* pról. C. Monsiváis, Santiago: Tajamar editores, 2004, p. 71 y ss.

11 Existen puntos encontrados entre Rama y González Echevarría. Por ejemplo, este último achaca al primero que recurra a los postulados de Descartes cuando la fundación de las ciudades americanas es anterior a la publicación de sus obras. Sin embargo, la profesora Cecilia Sánchez concilia ambas posturas de la siguiente manera: «Por mi parte, sostengo que ambos planteamientos no se contradicen porque la *escritura notarial* es entendida por Rama como *letrada,* debido a su nivel de *abstracción* y su *operación a distancia.* Rama enmarca su concepción de la letra en el planteamiento de Foucault relativo a la aparición de la '*episteme* clásica' del humanismo abstracto, marcada por la desconfianza con la semejanza natural entre las palabras y la credibilidad que entregan los sentidos respecto de las cosas». Sánchez, Cecilia, *El conflicto entre la letra y la escritura. Legalidades/contra-*

fueron la pieza fundamental para realizar esta tarea ordenadora. «Todos ellos ejercían esa facultad escrituraria que era indispensable para la obtención o conservación de los bienes, utilizando canónicos modos lingüísticos que se mantenían invariables durante siglos».[12] Para Leonardo Martínez Carrizales, la comunidad de letrados apuntaló un modelo republicano cuyo origen se encontraba en la antigua tradición retórica. «En suma, el hombre de letras, dueño y constructor de su propia identidad al margen de otras generadas por las instituciones del Antiguo Régimen se proyecta a sí mismo en el territorio de los textos como el integrante de una república constituida alrededor de los asuntos y problemas que la letra impresa permite conocer, pensar y compartir».[13]

La «facultad escrituraria» de corte indispensable suponía el dominio que el letrado debía ejercer del tecnolecto legal, caracterizado por su carácter arcaizante y litúrgico. Este nutrió los objetivos de la *letra*. Cecilia Sánchez conceptualiza de este modo las consecuencias de la articulación de la *letra* al interior de las sociedades intelectuales americanas: «Por esta vía, se pone a resguardo de la realidad cambiante de los lenguajes puramente pasionales. Su poder se muestra en la *legalidad* que alcanza todo lo que procede de la *palabra escrita,* en especial la propiedad económica y el poder político».[14] La legalidad se expresaba exclusivamente a través

---

legalidades de la lengua en Hispano-América y América-Latina, Santiago: FCE, 2013, p. 51.

12 Rama, Ángel, *op. cit.,* p. 73.

13 Martínez Carrizales, Leonardo, *Tribunos letrados. Aproximaciones al orden de la cultura letrada en el México del siglo XIX,* México: UAM-Azcapotzalco, 2017, p. 72.

14 Sánchez, Cecilia, *El conflicto entre la letra y la escritura. Legalidades/contralegalidades de la lengua en Hispano-América y América-Latina,* Santiago: FCE, 2013, p. 52.

de la palabra escrita castellana y todo lo que quedara fuera de este código no sería procesado por las instituciones —entiéndase aquí las expresiones orales criollas, gauchas, lenguas indígenas, etc.—.

En este contexto, la *letra* debía convivir con otras expresiones «ilegales», pues en realidad el acatamiento del aparato letrado ocasionaba problemas insalvables en la práctica. Así, dentro del devenir idiomático germinó un espacio ubicado fuera de la legalidad letrada que sería aprovechado por otros sujetos de enunciación heterodoxos. Esto ocasionó la oposición de las *escrituras,* es decir, aquellas expresiones escritas situadas fuera del margen normativo, que echaban mano del grafiti, los manuscritos extraños, la incorporación del léxico y las semánticas indígenas, africanas o asiáticas, etc.

Aunque la expresión poética desde las *escrituras* operó como una resistencia en el campo literario decimonónico, en realidad la hegemonía fue letrada y manifestó un significativo apego europeo. Con el poder que les suministraba el dominio del tecnolecto jurídico y la apropiación de los mecanismos de representación política, los letrados —en su modalidad de poetas— instauraron alegóricamente una república de las letras que funcionaba a la par de la jurisdicción estatal. La finalidad de la república literaria fue resguardar las reglas de la lengua culta, fortalecer la alianza trasatlántica e instituir los ejes del canon literario. Este propósito puede ejemplificarse elocuentemente con la petición lírica de Andrés Bello en su multicitada «Alocución a la poesía», texto en el que invoca a la musa europea para que cruce el océano y legitime la nueva vía americana del arte poético:

Divina Poesía,
tú de la soledad habitadora,
a consultar tus cantos enseñada
con el silencio de la selva umbría,
tú a quien la verde gruta fue morada,
y el eco de los montes compañía;
tiempo es que dejes ya la culta Europa,
que tu nativa rustiquez desama,
y dirijas el vuelo adonde te abre
el mundo de Colón su grande escena.
[...]
No tal te vieron tus más bellos días,
cuando en la infancia de la gente humana,
maestra de los pueblos y los reyes,
cantaste al mundo las primeras leyes.
No te detenga, oh diosa,
esta región de luz y de miseria,
en donde tu ambiciosa
rival Filosofía,
que la virtud a cálculo somete,
de los mortales te ha usurpado el culto;
donde la coronada hidra amenaza
traer de nuevo al pensamiento esclavo
la antigua noche de barbarie y crimen;
donde la libertad vano delirio,
fe la servilidad, grandeza el fasto,
la corrupción cultura se apellida. [15]

Más allá de la defensa de la poesía reflejada en estos versos, «para Bello, el campo intelectual que le interesa formar responde al espíritu del sistema organicista de la República de las Letras; defendido con fervor hasta el período positivista».[16] Este «sistema organicista», fincado en la razón y la

---

15 Bello, Andrés, *Poesías,* Caracas: La Casa de Bello, 21891, pp. 43-44.

16 *Ibidem,* p. 169. Como señala Jiménez Rueda: «El positivismo, como cuerpo de doctrina dogmática, porque, en realidad, el dogma religioso fue substituido por un dogma científico, influyó, también, en

ciencia, implicaba también una división del trabajo de las tareas intelectuales. Julio Ramos ilustra en estos términos el lugar que ocupaban los poetas y profesionistas dentro de la república de las letras, en la que la especialización fue fundamental para su funcionamiento, aunque sin lograr una fragmentación del saber:

> En la república de las letras, si bien se proyectaba la especialización (sinónimo de racionalización) de las tareas y discursos, los intelectuales —médicos, letrados, militares, políticos— compartían una misma noción del lenguaje: la autoridad común de la elocuencia. Aunque en este tipo de campo intelectual había cierto grado de división del trabajo, se desconocía la fragmentación del saber que desde fines del siglo pasado diferencia, por ejemplo, la práctica y la autoridad de un poeta de la de un letrado o un historiador, incluso en América Latina.[17]

El plan de la división del trabajo no siempre prosperó, de modo que el letrado era una especie de «todólogo» que colmaba los espacios sin llenar. El propio Bello redactó leyes, preparó una gramática, cultivo la filosofía y escribió poesía. Una de las tareas predilectas del temperamento letrado fue la redacción de textos constitucionales. En el caso mexicano, cabe evocar figuras como Fray Servando Teresa de Mier y Andrés Quintana Roo. En lo concerniente a los lazos jurídico-literarios, la tarea era doble y paralela: escribir poesía cívica y escribir constituciones. Por un lado, se trataba de contribuir a la formación simbólica de la república de las

---

la organización de los estudios de las otras escuelas: la de medicina, la de ingenieros y la de leyes. En este última los clásicos estudios de derecho fueron adicionados con el de la sociología y la economía política. Esta última alcanzó un éxito extraordinario. La reorganización del país necesitaba de hombres de ciencia, conocedores de su realidad económica». Jiménez Rueda, Julio, *op. cit.*, p. 164.

17 Ramos, Julio, *op. cit.*, p. 81.

letras y, por otro lado, secundar artísticamente la consolidación de los estados nacionales. Sobre este punto, Ángel Rama apunta la justificación jurídica de la ciudad letrada:

> En el caso de los códigos y las constituciones, el rígido sistema semántico de la *ciudad letrada* encontraba justificación plena pues resultaba obligado que respondieran a un unívoco sistema interpretativo. Éste sólo podía fundarse en los dos principios lingüísticos citados (origen etimológico y uso constante, o sea secular, por una comunidad), por lo cual remitían fatalmente a la tradición de la lengua, religaban con los ancestros ultramarinos. De aquí procede la nota tradicionalista corrientemente anexa al funcionamiento de la *ciudad letrada* y también la importante contribución que a su sostén dieron los estudiosos de la lengua americana, visto que era el instrumento que con mayor alcance regía el orden simbólico de la cultura.[18]

II. LA LETRA CONSTITUCIONAL Y LAS ALTERIDADES EN LA REPÚBLICA LITERARIA

La constitución política es el documento fundante de las repúblicas y es concebida —para los efectos de este ensayo— como el instrumento cultural que canaliza los dos elementos esbozados anteriormente: *ciudad letrada-constitución-república de las letras*. Para el imaginario letrado, las constituciones no se limitaban únicamente al acto de promulgación de una nación independiente, a las disposiciones que reconocen libertades públicas o al documento que sistematiza la organización estatal. Desde una óptica cultural, la constitución significó la apoteosis de una gloria civil alcanzada por un pueblo. Desde esta perspectiva, las constituciones son docu-

---

18 Rama, Ángel, *op. cit.*, p. 110.

mentos jurídicos que representan la escritura de una épica nacional. No es casual que en la tradición constitucionalista americana muchos preámbulos presenten una textura poética.[19] Peter Häberle sugiere que estas piezas oscilan entre la prosa política y literaria y que están dotadas de un *quantum* utópico.[20]

---

19 Ejemplos recientes del valor poético de los preámbulos constitucionales son la Constitución de Bolivia de 2009 y la Constitución Política de la Ciudad de México en 2017. «En tiempos inmemoriales se erigieron montañas, se desplazaron ríos, se formaron lagos. Nuestra amazonia, nuestro chaco, nuestro altiplano y nuestros llanos y valles se cubrieron de verdores y flores. Poblamos esta sagrada Madre Tierra con rostros diferentes, y comprendimos desde entonces la pluralidad vigente de todas las cosas y nuestra diversidad como seres y culturas. Así conformamos nuestros pueblos, y jamás comprendimos el racismo hasta que lo sufrimos desde los funestos tiempos de la colonia» (preámbulo de la Constitución de Bolivia); y «Guardemos lealtad al eco de la antigua palabra, cuidemos nuestra casa común y restauremos, por la obra laboriosa y la conducta solidaria de sus hijas e hijos, la transparencia de esta comarca emanada del agua. Seamos ciudadanas y ciudadanos íntegros y leales al nuevo orden constitucional. Espejo en que se mire la República, digna capital de todos los mexicanos y orgullo universal de nuestras raíces" (preámbulo de la Constitución de la Ciudad de México).

20 «El tema del Estado constitucional toca al mismo tiempo a la *ratio* y la *emotio*, e implica al principio esperanza. Tanto la teoría de la Constitución como el tipo del "Estado constitucional" deben conceder al ser humano espacio para un "*quantum* de utopía", no solo en forma de la ampliación de los límites de las libertades culturales y su promoción (¡también de las religiones!), sino incluso de una manera más intensa, en la medida en que los textos constitucionales normen esperanzas (por ejemplo, antiguamente la unidad de Alemania o ahora la de Irlanda), que constituyan por lo menos "deseos de utopía" concretos. El "principio esperanza" (E. Bloch), el "principio responsabilidad" (H. Jonas), como por ejemplo, en la protección del ambiente, estimulan una fructífera evolución constitucional, porque el ser humano necesita la esperanza como el aire que respira y porque la comunidad vive en libertad responsable. En la medida en que los textos constitucionales se encuentren fundamentalmente

El preámbulo de varios proyectos constitucionales de América Latina involucró una fundamentación de valores y creencias y, al mismo tiempo, un basamento moral de fe y esperanza. Las constituciones no solo disponen y prescriben normas jurídicas, sino que abren una semántica cultural donde pueden entreverse los rasgos identitarios y utópicos de un pueblo. En este rubro, si bien el poeta colaboró en la labor de poetizar la ley fundamental, también formuló críticas al contenido y forma rígida de las constituciones. Estas disidencias no fueron solo proclamadas desde la tribuna —cuando los poetas actuaron como parlamentarios—, sino también en la «jurisdicción» de la república de las letras, es decir, desde la producción poética. Una de estas fue la sátira constitucional de talante conservador que realizó Felipe Pardo Aliaga en 1859 mediante la publicación en verso de su *Constitución Política.*[21]

En general, para los letrados del siglo XIX el texto constitucional es digno de ser poetizado atendiendo a sus valores simbólicos y culturales. El tema de la constitución aparece, además de poemas, en relatos, ensayos y discursos. A pesar de ello, perduran sujetos de enunciación que hablarán y escribirán poesía fuera de los marcos normativos de la *letra,* como ya se ha señalado más arriba. Estas voces, *escrituras,* operaron como las voces subalternas de la república de las letras y, en muchos casos, de las repúblicas liberales, de tal

---

apartados de las utopías en su dimensión jurídica, y por su naturaleza propia así deban mantenerse, pueden, no obstante, ser "utopía" en algunas de sus partes». Häberle, Peter, *El Estado constitucional,* trad. Héctor Fix-Fierro, México: UNAM-IIJ, 2001, p. 286.

21 Para leer esta obra fundamental desde la perspectiva de derecho y literatura, véase Pardo y Aliaga, Felipe y Fuentes, Manuel Atanasio, *Sátira constitucional peruana,* introd. C. Ramos Núñez, Lima: Tribunal Constitucional del Perú, 2019. Disponible en: <https://www.tc.gob.pe/wp-content/uploads/2020/01/Satira-Constitucional-Peruana.pdf>.

suerte que «la *letra* y la *escritura* polemizan al interior de una *comunidad de seres parlantes.* El conflicto se establece entre una lengua letrada universal, cuyo dominio es el espacio público y las memorias, ritmos y rememoraciones locales que dificultan el ideal de claridad de la comunidad republicana».[22] De modo paralelo a las gramáticas emitidas por la *letra,* se desarrollaron *escrituras* libres en sintaxis y reglamentación.

En este punto, pueden referirse un sinfín de *escrituras* que convivieron o se antepusieron a las órdenes académicas de la *letra.* Ejemplos de esta tendencia son el habla gauchesca del *Martín Fierro,* la literatura en lenguas indígenas o afrodescendientes y la poesía popular, representadas por canciones, coplas, cuecas y corridos. Estas piezas ofrecen diversos cuadros de microhistorias que se desarrollan en las provincias, en las comunidades pobres y las zonas urbanas que han quedado excluidas como barrios bajos y proletarios.[23] Estas literaturas continuaron sus flujos y recepciones sin ser tomadas en consideración por los cenáculos y parnasos que observaban en el modelo español, inglés y francés los ejemplos de una posible literatura propia o las tendencias a seguir desde una mentalidad aún colonial. No hay que olvidar que en esta época:

> [...] los sistemas nodales del orden letrado, el lenguaje y el derecho, proyectarían su autoridad sobre el diseño de la nueva sociedad. El enorme peso de la posición destacada e influyente de estas minorías letradas puede calcularse en su justa medida si se toma en cuenta el entorno en el cual

---

[22] Sánchez, Cecilia, *op. cit.,* p. 89.

[23] Además del *Martín Fierro,* de José Hernández, cabe también hacer referencia a la poesía del peruano Mariano Melgar, quien escribe «yaravíes» cuya métrica está influenciada por el quechua y, en Cuba, los versos de la cotidianidad isleña del poeta afrodescendiente Gabriel de la Concepción Valdés, alias Plácido.

> desempeñaron su gestión histórica; una sociedad profundamente tradicional, inequitativa y centralizada; una sociedad donde los depositarios de las pautas racionales del orden social terminarían por apropiarse de los derechos políticos de todos aquellos sectores que no compartieron ni los valores, ni las tradiciones, ni los sistemas conceptuales de los cuales se valieron aquéllos para consolidar las estructuras sociales.[24]

A los elementos citados en este pasaje habría que agregar las estructuras culturales y los campos de acción. Sin embargo, frente al orden letrado, las poéticas de las *escrituras* operaron a manera de contrapeso. Además de esto, la «contracultura» se desarrolló al interior de la república de las letras y esto puede observarse especialmente a finales del siglo XIX, cuando los ejes diseñados en la ciudad letrada se modificaron sustancialmente como resultado del uso de la tecnología de las revoluciones industriales y el giro económico que su surgimiento y evolución supuso en las sociedades capitalistas. Esto se enmarcó en la vigencia poética del modernismo dariano y su entorno. En la edición chilena de *La ciudad letrada,* Carlos Monsiváis afirma: «Con rapidez, se pasa de la poesía que aconseja o apadrina emociones rituales al nuevo estremecimiento que se inicia como un fenómeno acústico. De la *ciudad letrada* vienen también otras formas de enriquecimiento de la vida cotidiana».[25]

Siguiendo con las reflexiones de Ángel Rama, el autor subraya el modo en que este cambio en el paradigma económico-político transformó el mundo de los poetas de finales del XIX, pues ya no podían sobrevivir a partir de los ideales revolucionarios heredados del romanticismo y la ética de los poetas franceses, es decir, festejar una cultura de la

---

[24] Martínez Carrizales, Leonardo, *op. cit.*, pp. 87-88.

[25] Rama, Ángel, *op. cit.,* p. 19.

bohemia, la vagancia y los excesos. Ahora, más que nunca, se exige al poeta que sea económicamente productivo y que sus textos entren a la lógica intercambiable de las mercancías. En este orden de ideas, Rama introduce en su discurso la siguiente consideración:

> Buena parte de los poetas deriva hacia la autonegación, destruyendo en sí al artista. Las profesiones liberales, especialmente la abogacía, la nueva clase autónoma de los políticos a la que sí concedía sitio la sociedad burguesa, las ocupaciones redituables económicamente, se nutren de muchos expoetas, que, incapaces de sostener la dura lucha como marginados de la sociedad, deciden acatar sus exigencias dedicándose a otras tareas.[26]

El letrado, que sabía equilibrar su vida entre la condición de poeta y la de abogado —aquí también podría decirse periodista o diputado—, o sea, oscilar entre actividades espirituales y materiales, tuvo que declinar de modo dramático el oficio de poeta. En contraste con las horas destinadas a escribir versos, las horas que dedicaba a actividades «productivas» resultaban imprescindibles para su subsistencia individual y social, de tal suerte que su prestigio social no provenía de ser un poeta laureado, sino de ser un útil abogado. De allí que, entre otros factores, en la actualidad las artes y las humanidades no se consideren trabajos plenos y devengan en pasatiempos bajo la lógica replicante del sistema capitalista.

Así, en algunos casos, el letrado no encuentra acomodo en este nuevo esquema económico-normativo. Como señala Julio Ramos, los problemas que comporta vivir de lleno bajo una subjetividad capitalista —empezando por el hecho de que el sujeto debe preocuparse mucho más de ganar dinero

---

[26] Rama Ángel, *Rubén Darío y el modernismo,* Barcelona: Alfadi Ediciones, 1985, p. 58.

que de componer versos logrados—, constituyen obstáculos para el ideal estético y el autorreconocimento del artista, que tiene que olvidar paulatinamente el vagabundeo de fantasía:

> Fueron muchas las quejas —y las pequeñas obsesiones— de los modernistas contra el dinero. Por el reverso de sus frecuentes y ansiosos reclamos de pureza (en la modernidad incluso la pureza es altamente cotizable, como es el caso de *inutilidad* del lujo), el poeta figuraba, sobre todo en las crónicas, como trabajador asalariado. Y en el momento en que el escritor —rotos los velos— se reconoce en el interior de la vitrina, comienza a verse como *otro* —como prostituta, a veces— y se complica, entre otras cosas, la disposición decorativa de la belleza. A partir de ese momento el literato, incluso el cronista, cesa de ser un *flaneur*.[27]

Poco a poco, el «sujeto nacional y continental gramaticalizado, a fines del siglo XIX pasa a interrogarse desde el lado de quienes experimentan la *exclusión* a nivel de la *lengua*».[28] Cecilia Sánchez problematiza al *sujeto ilegal* presente en la escritura que contraviene el dictado de la ley cultural y que, en ese momento, puede encontrarse fuera y dentro de la república de las letras. Aunque Sánchez piensa en una normatividad lingüística, reconocida principalmente en las reglas de la gramática, si esta se transfiere a la literatura, puede vincularse con los cánones y las tradiciones literarias hegemónicas.

A partir de los contrapesos y resistencias a la normatividad letrada, la ley canónica fue minándose por una serie de sujetos que abrieron el horizonte de lo poético. La tensión dicotómica entre la *letra* y las *escrituras* adquirió otras categorías. «Si en la escena del *deslumbramiento de la letra* el con-

---

27 Ramos, Julio, *op. cit.*, p. 214.
28 Sánchez, Cecilia, *op. cit.*, p. 173.

flicto se suscita entre los principios utilitarios del *positivismo* y las *inutilidades* o el *desinterés*, defendido por los *modernistas* como definición de la cultura *latina*, en la primera mitad del siglo XX la confrontación involucra a los defensores del *regionalismo* y a los así llamados *vanguardistas*».[29]

A pesar de ello, bajo una ciudad letrada en conflicto, la república de las letras continúo significando una utopía intelectual, aunque se escuchaban con más fuerza las voces que abogaban por una reforma estructural en su fundamentación burguesa. En muchos sentidos, la república de las letras del siglo XIX era fruto de la aristocracia colonial y, en última instancia, de una minoría educada que había prosperado gracias a la inequidad y un sistema profundamente desigual perpetrado por el estado y las empresas. Liliana Weinberg apela a este impulso reformador de modo elocuente cuando recurre al título *La palabra de la reforma de la República de las letras* para designar la política de la escritura adoptada por Ignacio Ramírez.[30]

Además de El Nigromante, otros poetas como Rosa Araneda, José Martí[31] o González Prada trataron de abrir por completo las pesadísimas puertas que resguardaban la en-

---

29 *Ibidem*, p. 260.

30 Cfr. Ramírez, Ignacio, *La palabra de la reforma en la república de las letras*, Liliana Weinberg (ed.), México: FCE-FLM-UNAM, 2009.

31 Julio Ramos opone las visiones de ciudad en José Martí y Domingo Faustino Sarmiento en estos términos: «Si la ciudad, en Sarmiento, por ejemplo, había sido emblema de una modernidad deseada, de una vida pública racionalizada, en Martí la ciudad es el lugar de una violencia fragmentadora del yo; lugar en el cual el poeta (incluso en su propia ciudad) es el exiliado por excelencia. En esa coyuntura, la poesía vendría a ser una respuesta a la fragmentación». Más adelante explica el modo en que el escritor (poeta), «establece, precisamente a raíz de su lugar descentrado, alianzas, afiliaciones, en los márgenes de la cultura dominante. En Martí el poeta comienza a ser agente de una práctica *salvaje*». Ramos, Julio, *op. cit.*, pp. 123-125.

trada a la república literaria para que la gente común habitara ese espacio utópico. Dicho de otro modo: estos poetas intentaron borrar la frontera entre la univocidad culterana y las equivocidades populares. Su proceder no solo fue simbólico, pues en realidad se trató de un movimiento que, al final, buscó democratizar la educación sentimental de lo poético, el léxico y los temas literarios, es decir, avanzar en el reconocimiento de las alteridades poéticas que terminará consagrándose en el siglo XX.

III. IUSPOÉTICA EN EL SIGLO XIX LATINOAMERICANO (GUÍA DE LA PRESENTE ANTOLOGÍA)

El neologismo 'iuspoética', tal y como ha sido definido en diversos lugares,[32] puede comprenderse *stricto sensu* como la relación temática, léxica o semántica entre la poesía y el binomio derecho/justicia. El *corpus* que se muestra en las siguientes páginas no agota todas las posibilidades de este concepto. Hay que precisar que, a diferencia de la iuspoética que ha sido escrita y cultivada en otras épocas y tradiciones culturales, la iuspoética latinoamericana del siglo XIX es significativa por sus finalidades políticas y el contexto de revoluciones, guerras y ascensos nacionalistas en el que emerge y se desarrolla. En este sentido, se palpan con naturalidad en el trabajo poético determinadas categorías como poesía independentista, poesía cívica o poesía patria. Por otro lado, se advierten tratamientos diferenciados en

---

[32] Cfr. Castañeda, Claudio A., y Jiménez, Manuel de J., «Sobre la Iuspoética», *Studi Ispanici*, Pisa, Fabrizio Serra editore, núm. 39, 2014, y, más significativamente, en la antología que precede a la presente: Jiménez Moreno, Manuel de J., *Dioses procesales. La cultura jurídica en el Barroco desde la poesía*, México: Instituto de la Judicatura Federal, 2018.

lo concerniente a la poesía lírica que camina rumbo a lo iuspoético.

Como más abajo se advertirá, el título de esta antología, *Despertares de tigre,* es una imagen de Manuel González Prada. Además, la idea proviene de la animalización del poder: el tigre puede ser el pueblo iracundo que se levanta con hambre y sed de justicia o, en su caso, el tigre puede ser la bestia gubernamental que se erige con su poder coercitivo y, en casos trágicos, con violencia dictatorial. En ambos supuestos, el tigre representa la violencia del poder, más allá de si este es legítimo o no. Esto sucedió en la construcción de los estados nación latinoamericanos. La gente despertó y ejerció la soberanía popular, pero también los gobiernos reprimieron a los movimientos populares. Asimismo, bajo otro sentido semántico, los *despertares de tigre* pueden operar como una metáfora de las expresiones de poesía política y iuspoética que se forjaron durante el siglo XIX.

El presente *corpus* es apenas una pequeñísima muestra de este universo aludido y puede agruparse temáticamente en estos cuatro rubros: a) Derechos y escritura constitucional, b) Guerras y derecho internacional, c) Justicia doméstica y justicia social y d) Varia de cultura jurídica. A continuación, se presentan algunas notas explicativas considerando los poemas recopilados[33] en la presente antología encuadrados en cada uno de ellos.

---

[33] Es importante tener en cuenta que el ejercicio de reunir materiales poéticos fue también una preocupación para los letrados decimonónicos, como bien se estudia en *De la selva al jardín.* En este libro se comenta lo siguiente sobre la importancia de estas obras: «Los propios antólogos, desde hace al menos dos siglos, han sido los primeros y más directos involucrados en esta labor de comprensión. Los prólogos o estudios preliminares a las compilaciones son una de las fuentes primarias de las que se han nutrido críticos posteriores».

A) Derechos y escritura constitucional

En el marco de un clima político caracterizado por la inestabilidad y los golpes de estado, en muchos países se promulgaron de manera sucesiva diversos textos constitucionales. Algunos solo fueron deseos en papel, pues carecieron de vigencia efectiva. En este sentido, la escritura y reescritura del articulado constitucional, en el que se consagraba el catálogo de derechos y la estructura orgánico-institucional del estado, fue una tarea que devanó los sesos de los letrados. El acercamiento a la misma no se produjo solo desde la técnica legislativa, pues la aproximación lírica también fue una posibilidad real. Quizás el portento más acabado en lo que respecta al devenir constitucional en poema fue la *Constitución* de Pardo y Aliaga, quien, recurriendo a la tradición de la poesía satírica, redactó una constitución alterna más vívida y divertida que la ley fundamental peruana de 1856, avanzado título por título.

«Reforma constitucional»,[34] de Ignacio Ramírez, también emplea un tono humorístico en tercetos encadenados para denunciar la simulación política y colocar en la agenda nacional un tema que no será discutido en los congresos sino hasta un siglo más tarde: los derechos políticos de la mujer. De tal suerte que, esta pieza de El Nigromante, puede entenderse como un remoto antecedente de la literatura feminista. En la región rioplatense, Juan Cruz Varela escribe un largo alegato laudatorio en defensa de la libertad de imprenta titulado a la manera de un tratado doctrinal: «Sobre

---

Guzmán Moncada, Carlos, *op. cit.*, p. 5. La presente antología trata de seguir esta tradición.

34 Para revistar un somero análisis de este poema ver: Jiménez, Manuel de J., "Guerra, justicia y reforma constitucional. Dos poemas de Ignacio Ramírez en su bicentenario", *POETIKA1*, Pittsburgh, núm. 3, enero 2019.

la invención y libertad de imprenta». El poema se remonta al mito y a los albores gutenberianos para dar cuenta no solo de la proeza tecnológica que supuso para el siglo XV y posteriores, sino también de la salvaguarda apasionada de lo que se comprendía para el momento como un derecho político de primer orden.

B) Guerras y derecho internacional

Las guerras entre naciones hermanas fueron el pan de cada día en las nuevas repúblicas. Enunciar aquí todos los conflictos bélicos del continente sería una tarea extenuante. La delimitación de las fronteras y la revisión de la teoría de la guerra justa, heredada de los juristas salmantinos, fue motivo de reflexión letrada. Andrés Bello publicó en Santiago sus *Principios de derecho de jentes* en 1832. Allí precisó ciertos conceptos y enfatizó que el tema era una urgencia para nuestros países. Gran parte del basamento teórico abrevaba en el pensamiento ilustrado de Europa. En poesía, el neoclasicismo y el romanticismo también trataron la temática. Esto se ve en la traducción del poema de Alphonse de Lamartine —importación iuspoética— realizada por Bello en la que, a través de preguntas retóricas, cuestiona el sentido de los cotos territoriales.

Por su parte, la escritura fragmentaria que presenta el anarquista peruano Manuel González Prada en «Sociales y políticos» da cuenta de la crudeza entre lo que dicta la teoría del derecho internacional público y su implementación paradójica en guerras sangrientas, así como el modo intransigente de reconocerse la doctrina liberal en la ética pública. En «Al extranjero», el maestro de las Américas, José Martí esboza unos versos apologéticos de la soberanía en los que repudia la invasión imperialista y aborda con vehemencia los tópicos de la condena del traidor y la defensa patria.

C) Justicia doméstica y justicia social

El *locus* de la búsqueda de justicia fue también cultivado desde diversos enfoques entre los poetas del siglo XIX. Pueden enumerarse muchas posibilidades en el tratamiento de la cuestión, por ejemplo, la aproximación a una «justicia doméstica» de las cosas personales, íntimas y sentimentales que lleva a cabo el modernista Manuel Gutiérrez Nájera en «Justicia seca»,[35] que presenta al lector un caso de un «delito de leso corazón». Del mismo modo, los poetas también escriben sobre la búsqueda de justicia desde los grandes temas teológicos, como Rosa Araneda en «Sentencia i crucificación de Jesús», texto en el que retoma la rica tradición oral de la poesía religiosa del Siglo de Oro pero recurriendo a una sintaxis chilena que refresca el tópico.

Por su parte, el poema «Justicia», de Salvador Díaz Mirón, se desarrolla en un escenario dramático a nivel ontológico en el que la conciencia es puesta ante la horca y se experimentan los contrastes entre las creencias y el actuar. Otra posibilidad es la «justicia social» que va desarrollándose germinalmente en el pensamiento de varios intelectuales revolucionarios y políticos. En «Asonancias», Díaz Mirón presenta, como también lo hará Whitman, el momento cívico y anhelante en una prosopopeya: el arribo al trono de la equidad. Por su parte, desde el sur, González Prada anticipa los temas de la literatura indigenista peruana y en «El mitayo» narra el drama de un padre e hijo en torno a la inequidad laboral y estructural.

---

[35] Este poema, junto con los de Salvador Díaz Mirón, fueron analizados en el siguiente artículo: Jiménez Moreno, Manuel de J., «Poéticas sobre la justicia en el modernismo mexicano. Manuel Gutiérrez Nájera y Salvador Díaz Mirón», *Iuris dictio.* Revista del Colegio de Jurisprudencia de la Universidad de San Francisco de Quito, Quito, núm. 18, 2016.

D) Varia de cultura jurídica

Como suele ocurrir con algunos artículos de los ordenamientos legales, muchas veces se agrupan disposiciones jurídicas de diversas materias. De este modo, este último rubro sigue ese espíritu presente en la técnica legislativa para dar cuenta de un «cajón de sastre» iuspoético capaz de contener varios tópicos.

En este sentido, la iuspoética puede vincularse con otros asuntos, como sucede en «Lamed», de Rubén Darío, quien relata en un tono mesiánico el advenimiento de un orden universal encuadrado en un proyecto de escritura cabalística que desarrolló en *El salmo de la pluma*. Además del conocido poema político «A Roosevelt», existe una probable composición juvenil cuya autoría no está comprobada y que puede considerarse iuspoética.[36] Por otro lado, José Martí activa unas redondillas con una semántica asombrosa y circular en torno a las paradojas de la aplicación de la norma jurídica en el poema XXIX de sus *Versos sencillos*.

Además, resulta necesario reflexionar sobre el modo en que se desarrolla el tema del castigo y el crimen —ya sea fantasioso o inspirado en una experiencia personal— por parte de la sensibilidad de las poetas de la época. Los poemas de lírica amorosa, moral o religiosa toman en préstamo algunos aspectos del léxico jurídico —recurso presente desde sonetos y liras del Siglo de Oro— para explicar de otro modo los temas universales. En esta antología, se narra la persecución de un amor criminal en «La venganza», de Gertrudis Gómez de Avellaneda, y se despierta una

[36] El poema en cuestión se titula «Un pleito» y fue tratado en el siguiente artículo: Jiménez Moreno, Manuel de J., «Justicia poética en las dos Américas: Walt Whitman y Rubén Darío», *Autoctonía. Revista de Ciencias Sociales e Historia*, vol. 5, núm. 1, febrero de 2021.

actitud provocadora ante el observador togado en «El centinela», de María Eugenia Vaz Ferreira. Esta última poeta representa en la antología el tránsito hacia la escritura del siglo XX.

Coyoacán, diciembre del 2022.

Nota sobre la edición

Al igual que *Dioses procesales. La cultura jurídica en el Barroco desde la poesía,* esta antología iuspoética puede ser ampliada y mejorada. De hecho, constituye la segunda entrega de un proyecto de antologías que trata de visibilizar la iuspoética en nuestra lengua y tradiciones literarias. No se trata de elaborar una edición crítica excesivamente académica o de altos vuelos filológicos. Muy al contrario, está dirigida al público no necesariamente especialista que busque acercarse a la poesía como medio viable para comprender los procesos históricos, políticos y jurídicos. Este libro es, pues, una invitación para que los lectores encuentren en el placer y la reflexión poética un soporte legítimo para interpretar el mundo. Para esta edición, se trascribieron textualmente las versiones presentes en los libros de cada autor que figuran en las fuentes de consulta. Según el caso, se mantuvo el uso de mayúsculas al inicio de los versos —como se usaba en la época— y, a lo sumo, se actualizaron algunas cuestiones sobre el uso de las tildes.

Dicho lo anterior, solo me resta expresar mi agradecimiento a Jocelyn Pantoja, mi esposa, y a la licenciada Diana O. Mejía Hernández por sus comentarios y correcciones, que sin duda han mejorado este librito. Asimismo, deseo manifestar mi gratitud al Mtro. Rafael Caballero Hernández, con quien he forjado desde hace varios años puentes para unir derecho y literatura en la Facultad de Derecho de la UNAM. Este es un esfuerzo más. Quiero mencionar también al Dr. Ramón Ortega García y al Dr. Juan Carlos Abreu y Abreu, por apoyar institucionalmente los proyectos de antologías poéticas de quien escribe estas líneas. Para cerrar con broche de oro estos agradecimientos, aprecio sumamente la labor del Magistrado Dr. Ricardo Alfredo Sodi Cuellar, quien reconoce siempre el valor de retomar el ejercicio del derecho a través de las humanidades. Construyamos conjuntamente ese horizonte jurídico.

Andrés Bello
(1781-1865)

La pluma de este letrado chileno-venezolano fundamentó, en varios sentidos, el nuevo lenguaje de los países latinoamericanos. Independentista y maestro de Bolívar, fue un auténtico polímata: se distinguió como político, lingüista, historiador, jurista y profesor. Además de su *Gramática* para el uso de los americanos y su *Principios de derecho de jentes*, fue rector de la Universidad de Chile y se le considera el principal redactor del Código Civil. Durante la instalación de la Universidad, en su discurso afirmó que «todas las realidades se tocan» en favor de un porvenir común.

¿PARA QUÉ EL ODIO MUTUO ENTRE LAS GENTES?

(traducción de Lamartine)[37]

¿Para qué el odio mutuo entre las gentes?[38]
¿Para qué esas barreras,
que aborrecen los ojos del Eterno?
¿Hay acaso fronteras
en los campos del éter? ¿Vense acaso
en el inmenso firmamento vallas,
linderos y murallas?
¡*Pueblos, naciones,* títulos pomposos!
¿Qué es lo que dicen? ¡Vanidad, barbarie!
Lo que a los pies ataja
no detiene al amor. Rasgad, mortales
(Naturaleza os grita),
las funestas banderas nacionales;
el odio, el egoísmo tienen patria:
no la fraternidad.

---

37 Nota de la edición original: «Miguel Luis Amunátegui, en la Introducción a las Poesías (O. C. III, p. xxi), inserta estos versos como traducidos de una obra de Alfonso de Lamartine. Orrego Vicuña en su *Andrés Bello* (Bibliografía, N.° 223) fecha esta traducción en 1848. (Comisión Editora. Caracas)».

38 Aunque gramaticalmente puede pensarse que el singular «gente» es más correcto, es muy probable que el uso del plural está apelando a la idea del *ius gentium* que pasó al español como «derecho de gentes» y que fue ampliamente usado por los juristas y teólogos de la segunda escolástica española.

Juan Cruz Varela (1794-1839)

Poeta neoclásico argentino. Estudió Derecho en Córdoba y posteriormente editó varios periódicos, entre ellos, *El Centinela* y *El Tiempo.* Fue diputado por la provincia de Buenos Aires y secretario del Congreso General Constituyente. En su doble calidad de periodista y político forjó una lírica nacional nutrida de poesías patrióticas y civiles —algunas de estas últimas, panegíricas del ministro Rivadavia—. También revitalizó un cantar de gesta americano e hizo traducciones de Ovidio y Horacio. Incursionó en el teatro con *Dido* y *Argia.* Durante el gobierno conservador de Rosas, se exilió y falleció en Montevideo.

SOBRE LA INVENCIÓN Y LIBERTAD DE LA IMPRENTA

Amor, que sobre todas las deidades
has recibido adoraciones mías,
tu dulce poderío y tus bondades
ya celebró mi canto
en lo florido de mis frescos días,
y regué tus altares con mi llanto.

Canté lo que sentí. Después mi rima,
resonando entre gritos de victoria,
hizo volar por cuanto Febo[39] anima

[39] Se trata del dios Apolo, quien brillante se elevaba en las alturas con su carro. Las referencias a este dios pueden encontrarse en *Las metamorfosis* de Ovidio y en el capítulo XX de la segunda parte de *El Quijote,* donde Cervantes dice: «Apenas la blanca aurora había dado

los nombres de los ínclitos varones
de perenne memoria,
que las iberas huestes debelaron,
y al suelo de mi patria libertaron.

Canté lo que debí: y ora la mente,
de un entusiasmo nuevo arrebatada,
transportada se siente
hasta el templo del Genio, donde mora
la invención creadora;
templo en cuyos altares,
de la turba vulgar no frecuentados,
seres privilegiados
presentan sus ofrendas singulares,
y a la par de la deidad son adorados.
Extraño ardor me inflama;
y, en mi rápido vuelo,
allá me encuentro en el helado suelo
do Gutenberg nació. Quintana[40] solo
supo ensalzar su nombre;
Quintana, el hijo del querer de Apolo,
émulo de Tirteo[41] en fuerte canto,
y a quien solo se diera
que, de su lira al sonoroso encanto,
digno de Gutenberg su verso fuera.
Arrastrando los carros de la guerra,
genios de destrucción al Rin llevaron
la plaga asoladora de la tierra;
y el renombre del Rin eternizaron

---

lugar a que el luciente Febo con el ardor de sus calientes rayos las líquidas perlas de sus cabellos de oro enjugase […]».

40 Probablemente, Cruz Varela hace referencia al poeta madrileño Manuel José Quintana (1772-1857), autor de *El Duque de Viseo, España libre* y *Poesías patrióticas,* entre otras obras.

41 Poeta espartano antiguo, famoso por sus elegías. De las ediciones decimonónicas del autor, puede citarse la siguiente: *Anacreonte, Safo y Tirteo,* traducidos del griego por José del Castillo y Ayensa, Madrid: Imprenta Real, 1852.

solamente a los ojos
de los hombres feroces,
que, sedientos de sangre y de despojos,
la Humanidad y sus derechos huellan,
y del cielo y Natura
las leyes sacrosantas atropellan.
¡Oh Rin ensangrentado! No tu fama
deberás al furor: el dios del verso,
los veraces anales de la Historia,
el genio, el Universo,
celebrarán tu gloria,
no porque oíste el horroroso estruendo,
si porque viste a Gutenberg naciendo.
El inventó la Imprenta, y del olvido
redimió grandes nombres;
que el invento atrevido
eternizó las obras de los hombres,
y ató todos los tiempos al presente.
Todo cuanto la mente
de algún mortal contemplador concibe,
o exaltada imagina,
si libre, inmensa, por doquier camina,
cuanto precepto la razón prescribe,
todo, todo estampado,
y en copias mil y mil multiplicado,
cruza la erguida sierra,
cruza el ponto profundo,
que divide la tierra de la tierra,
y atraviesa veloz el ancho mundo
del Ecuador al Polo,
y del ocaso, do la noche mora,
hasta el fúlgido reino de la aurora.
¡Tanto puede la Imprenta! Ni esto solo
a su poder es dado;
que los sabios del tiempo que ha pasado
hoy con nosotros hablan;
y, cuando el postrer siglo haya llegado,
hablará el más lejano descendiente

con ellos y nosotros igualmente.
Así la ilustración, como la llama
del sol inapagable,
que enseñorea inmóvil la Natura,
de un día en otro sin cesar renace
de un siglo en otro permanente dura.

¡Loor a Gutenberg! ¿Ni quien creyera
que su invención benéfica, sublime
en algún tiempo fuera
causadora de males,
que empaparon en sangre los mortales?
El fanatismo y el poder, que siempre
en daño de los hombres
del invento feliz se aprovecharon,
y él sirvió a los horrores
que al Universo afligen,
cuando aquellos despliegan sus furores,
y con vara de fierro al mundo rigen.

La Imprenta publicaba
que al más vil, al más bárbaro tirano,
si en un infame trono se sentaba,
del mismo Dios la sacrosanta mano
daba el cetro gravoso,
que en yugo ignominioso
a los mismos pueblos abrumaba.

En vano, en vano la Filosofía,
siempre amiga del hombre,
descubrir el engaño pretendía.
Disimulado con mentido nombre,
de la Verdad severa
la penetrante voz no bien se oyera,
cuando atroz fanatismo,
evocando las furias del abismo,
soplaba airada la funesta hoguera,
y la execranda llama consumía
las páginas de luz, que se atrevía
algún sabio a escribir con libre mano;

que el desusado tono
estremeció al tirano,
y sintió bajo el pie temblando el trono.

Así quedó cegado
el canal que la Imprenta en algún día,
para dar curso a la sabiduría,
benéfica mostró. Desde el momento
a nadie le fue dado
disponer de su libre pensamiento,
cual si le fuera por merced prestado.
Cuando un nuevo camino
a los hombres se muestra, y las deidades
ofrecen nuevo don, ¿será destino
ingrato abusar de sus bondades,
y hacerlas instrumento
de crímenes sin cuento,
de opresión, de venganzas y maldades?
¡Ah! ¡Qué proterva condición del hombre!
Así llegó de la fecunda tierra
al seno engendrador su osada mano,
y el metal que se encierra
en las hondas entrañas
de las erguidas ásperas montañas,
arrebatara a la caverna oscura
do plugo sepultarlo a la Natura.
El rígido metal se convertía
en surcador arado,
y el campo alborozado
una mies abundosa prometía.
Pero pronto sonó la guerra impía,
la maldecida trompa,
y el metal en espada convertido,
y en dura lanza que los pechos rompa,
todo campo cubierto
de cadáveres fuera,
y la sangre humeando discurriera
por entre el surco del arado abierto.

Así la selva sus robustos pinos
a la mar vio lanzados,
y venciendo las ondas denodados,
hallar nuevos caminos
que de un mundo conducen a otro mundo,
y hermanar las naciones del Oriente
con los pueblos lejanos de Occidente;
mas también pronto por el mar profundo,
preñados de furores y venganza,
los armados bajeles navegaron,
y en llanura de bárbara matanza
los piélagos inmensos transformaron.

¿De qué no abusa el hombre? Así la Imprenta,
un tiempo envilecida,
o brutales caprichos adulaba
de la ambición sedienta,
o al fanatismo pérfido vendida,
mentía en cada letra, y blasfemaba
del mismo Dios excelso,
cuyo nombre sacrílego estampaba.

Esas negras edades
de ignorancia y maldades,
y universal error, ya son pasadas;
y el hombre, dueño de su pensamiento,
libre como su hablar y sus miradas,
libre como la luz y como el viento,
en rasgos indelebles lo publica.
Su tesoro de ciencia comunica,
o, de temor seguro,
juzga al déspota duro;
veraz y mesurado le condena,
y, sin violencia, su furor refrena;
y de la hipocresía
los simulados crímenes delata;
y la impostura pérfida arrebata
el doloso disfraz que la cubría.

¡Feliz, feliz el suelo
donde los hombres gozan
de tanta libertad! Los que destrozan,
allá bajo otro cielo,
la triste Humanidad, y en los sudores
y en el llanto infeliz del miserable
se bañan con placer abominable,
¿qué harían si la prensa sus furores
al sometido pueblo revelara,
la amenaza llevase a sus oídos
y el odio de los buenos concitara
del opreso acallando los gemidos?
Temblad, tiranos, mientras libre sea
el ejercicio de escribir honroso;
y siempre lo será; que el mundo ahora
no es ya cual lo desea
vuestra ambición fatal y asoladora.
Mas yo me vuelvo a venerar al hombre
que cultiva el saber y que el tesoro
de su mente prodiga. Su renombre,
con caracteres de oro
escrito en los anales de la ciencia,
irá a la más remota descendencia.
Es premio de su afán; no quiso avaro
sus luces ocultar; pudo dejarlas
en resplandor universal y claro,
y no debió en la tumba sepultarlas.
Libre escribió lo que en tenaz empeño
arrancó a la recóndita Natura,
y de la lengua pura
de la Filosofía
escuchó con anhelo en algún día.
Aprendió y enseñó: tantas lecciones
propagaron las prensas. Las naciones
perecerán después, y otros imperios
se verán levantados
sobre antiguos imperios derrocados.
Empero el sabio sin cesar renace,
que así la Imprenta sus prodigios hace.

Por esta noble libertad se llama
el siglo en que vivimos
el siglo de las luces, aunque brama
sañudo el fanatismo, que quisiera
muchos lustros al tiempo en su carrera
hacer retrogradar porque tornara
su poderío infausto abominable,
antes por la ignorancia respetado,
pero en días felices, execrable
al Universo en fin desengañado.

¡Oh patria en que nací, digna morada
de la alma libertad, en donde el genio
se remonta brillante!
Si la Imprenta afanada
los frutos del saber y del ingenio
multiplica y derrama a cada instante,
esa, mi amada patria, esa es tu gloria.
Coronada tu frente
mil veces del laurel de la victoria,
la libertad, la ciencia solamente
te han sublimado a la envidiable altura,
donde el orbe te mira,
y a do en vano procura,
encumbrarse en tu honor mi humilde lira.

Felipe Pardo y Aliaga
(1806-1868)

Poeta, articulista y dramaturgo que representa la orientación letrada y aristocrática limeña; ilustró a través de cuadros costumbristas las prácticas políticas y populares de su época, a veces con humor y satirizando a los miembros de la sociedad peruana de la primera mitad del siglo XIX. Conservador de sepa, vislumbró en la literatura, además de la crítica social, una herramienta necesaria para la educación cívica y de ese modo cultivó la poesía patria añorando siempre la hispanidad fundante. Como político, fue ministro de Estado durante tres presidencias y diplomático.

CONSTITUCIÓN POLÍTICA. POEMA SATÍRICO[42]

TÍTULO I
Religión

La Católica Romana
La profesa el Estado y la protege:
Pero sin que su egida soberana
Pueda arredrar al más cobarde hereje.
Que se difunda o no la fe cristiana,

---

42 En la edición original, antes de la lectura del poema, Pardo y Aliaga escribe una advertencia a los lectores donde explica el sentido y las motivaciones que lo llevaron a versificar satíricamente la constitución de 1856. Valiéndose de una alegoría médica, afirma lo siguiente: «Para descubrir la verdadera constitución del paciente, el

Que la Imprenta la ensalce o la moteje,
Eso al Estado no dará quebranto:
La oficial protección no alcanza a tanto.

Lo extra-oficial: audaces mozalbetes
Que festejan cual farsas de histriones,
Con guiñadas y dimes y diretes
De la Iglesia las clásicas funciones.
Repiques, tamboriles y cohetes,
Chirimías, buñuelos, camarones,
Y en pueblo de Indios, quiere nuestra dicha,
Que el culto nade en piélagos de chicha.

TÍTULO II
Soberanía

Goce atributivo
Del pueblo, quien divide en tres poderes
Que son Legislativo, Ejecutivo,
Y Judicial, sus altos procederes.
A cada poder de estos, decisivo,
El código señala sus quehaceres,
Mandándoles obrar con tal recato,
Que no saquen jamás los pies del plato.

Por lo cual, el Poder Legislativo
A más de dictar leyes, no rehúsa

---

médico tiene que empezar por despojarle de la ropa: esto es lo que he hecho yo al proponerme examinar la constitución del Perú; y mi exámen produce un resultado, que si es raro é incomprensible en el mundo del buen sentido, es obvio y natural, y fruta indígena en el suelo de los Incas, en donde todo sucede al revés de lo que en el resto del universo: este resultado es que la constitución-poema, es la verdad: y las constituciones-códigos, son la fábula». En otra nota, Pardo y Aliaga dice: «Este pequeño poema, con la advertencia que le precede, fue publicado en 1859, como número 3º de *El espejo de mi Tierra;* pero por ser una composición poética, me ha parecido preferible colocarla en este lugar. Los lectores que hayan leído la primera edición, conocerán que la presente está aumentada en algunas octavas».

Meter la hoz en miel ajena altivo,
Sin más rubor que la autocracia rusa;
Y si ve que al Poder Ejecutivo
No le hace gracia la invasión, lo acusa
Porque dijo entre dientes, «¡Voto al chápiro!» [43]
De infractor de la carta y de gaznápiro.

Mientras el Legislativo no se atasca
En ejercer sin límites su imperio,
Mudo el Ejecutivo el freno tasca,
Hecho blanco de torpe vituperio;
Hasta que al fin conjura la borrasca
Con una Legación o un Ministerio,
O algún otro agasajo misterioso,
Mas nutritivo y menos bullicioso.

Pero llegada la hora del receso,
Toma a su antojo, ufano, la revancha.
Y como en el pensil, choto[44] travieso,
Trisca en la esfera del poder, más ancha:
La ley que le cuadró, tiene por eso,
Puntual ejecución; brilla sin mancha:
La que no, con su cúmplase pomposo,
Yace empolvada en eternal reposo.

No en parte, pues, que en Lodo es soberano
Cada uno de los dos, reinando alterno:
El uno en el Otoño y el Verano,
El otro en Primavera y en Invierno;
Y al Judicial que nunca mete mano,
Aunque poder se llama, en el Gobierno,
Solo aplicar atáñele obediente,
La cataplasma a la Nación paciente.

---

43 Chapirón: Interjección coloquial utilizada para expresar enojo.
44 Ternero, cría de cabra.

TÍTULO III
Gobierno

Democrático electivo,
Fundado en la unidad, republicano,
Temporal, responsable, alternativo,
Emanación del Pueblo Soberano;
Y en final resultado es lo efectivo
De este calificar pomposo y vano,
Que el Gobierno de intriga o fuerza emana,
Y hace después cuanto le da la gana.

TÍTULO IV
Ciudadanía

Gózala el peruano
A la edad de ayunar. La cortapisa
De oficio o instrucción es lujo vano:
La propiedad no es condición precisa,
No obstante, se aconseja al ciudadano
Tener un pantalón y una camisa,
Que aunque no es ilegal votar en cueros,
Guardar conviene al qué dirán sus fueros.

También el manumiso[45] (y allá va eso)
Ejerce en el Perú ciudadanía,
Y por supuesto silla en el Congreso
Ocupará, si se le antoja, un día.
La ley que ve del nacional progreso
Turbia la fuente y sucia en demasía,
El mal remedia de excelente modo;
La purifica echándole más lodo.

---

45 Aquí el poeta hace referencia a una de las vías de liberar esclavos en el derecho romano que los convertía en libertos. Existían modos solemnes y no solemnes por los cuales el amo manumitía al esclavo. Muchos gladiadores fueron liberados a través de la entrega de la *rudis*.

TÍTULO V
Derechos

Libertad de la persona
Para todos los hijos de Adán y Eva,
De los que por supuesto se excepciona
A los apercollados[46] por la leva.
La propiedad, según la ley sanciona,
También el sello de inviolable lleva,
Salvo, si un militar manda echar mano
A la res y a la mula del paisano.

Justa además, la carta, y entendida,
Para siempre declara inexorable
Que la pena de muerte está abolida
Como una institución vituperable.
Muy bien lográis del pícaro la vida
Asegurar con ley tan saludable:
Pero ¡legisladores! por ventura,
¿La del hombre de bien no se asegura?

También sanciona que la Imprenta es libre,
Y esto es lo saneado de la carta:
Tan sabroso manjar no probó el Tibre,[47]
Ni se cató en Atenas ni en Esparta.
Torpezas publicar de gran calibre,
Sin que de injurias la insolente sarta
Perdone fama, edad, ni jerarquía,
Es nuestra más preciosa garantía.

Con todo, a fin de precaver errores,
Debo advertir como veraz y exacto,

---

46 Apercollar: asir a una persona por el cuello.

47 Hace referencia al río Tíber en sinécdoque de la cultura romana. El poeta español Pedro Montengón, con referencia horaciana, usa la palabra en los siguientes versos: «Oyó el Tibre orgulloso / So graves ruedas retumbar el puente, / Oprimido del carro majestuoso / Domador del Oriente, / Y á los vencidos reyes/ Dictar tronando Roma altivas leyes [...]».

Que el oficio de públicos censores,
Requiere mucha maña y mucho tacto;
Pues no han faltado necios escritores
Que a buen viaje embarcándose en el Pacto,
Con el Poder metiéronse en contiendas
Y atraparon palizas estupendas.

TÍTULO VI
Poder Legislativo

Cien varones
Que dan a luz las complacientes urnas,
Previas electorales transacciones,
O violencias, o cábalas nocturnas.
La Patria por charlar en las sesiones,
Les da ocho pesos como dietas diurnas;
Menos cuando se charla en el Chorrillo,[48]
Que entonces entran doce en el bolsillo.

Si: por charlar les paga, y yo reputo
La remuneración tan merecida,
Que mientras más se charla y más sin fruto,
Se encuentra la Nación mejor servida.
Del Congreso además como atributo,
Es la conversación reconocida,
Y por eso el Inglés con gran talento,
A sus cámaras llama Parlamento.

De los Representantes Honorables,
Parte son de elocuencia peregrina:
Parte por su callar recomendables.
Representantes son a la sordina:
Quien, con hostilidades incansables,
Le arma al Gobierno eterna chamusquina:[49]
Quien de ministerial se matricula

---

48 Puede referirse a Chorrillos, población cercana a Lima. En 1857, este balneario se elevó a distrito durante la presidencia provisional de Ramón Castilla.

49 Acción de chamuscarse, es decir, quemarse.

Antes de hacer desensillar su mula.

De todos ellos es el alto oficio,
Labrar de nuestra Patria la ventura,
Sin apelar para ello a otro artificio
Que al de la democracia neta y pura:
Y expresa es condición que el edificio
Sea de democrática estructura;
Porque felicidad sin democracia…
… ¡Jesús!... ¡Líbrenos Dios de tal desgracia!

TÍTULO VII
Formación de las Leyes

Facultado
Para cualquier moción en su Asamblea
Estará un Senador o un Diputado
Aunque jamás saliera de su aldea.
A nadie cause irritación ni enfado,
Que la moción desatinada sea:
Si la adoptan cincuenta, no hay remedio,
Ha de ser ley para millón y medio.

Si el Gobierno se opone; muy rendido
Elevará a las Cámaras sus preces,
Y quedará el negocio decidido
Según quieran dos tercios de los Jueces.
Conviene que el lector no eche en olvido
Que mayoría pueden ser mil veces,
(Circunstancia que no es de poco peso)
Los dos tercios más tontos del Congreso.

TÍTULO VIII
Poder Ejecutivo

El que consiga
En el Perú ocupar puesto tan alto,
Jefe es legal, si sube por intriga;
Usurpador, si sube por asalto:
Pero diga la Carta lo que diga,
Bien con legalidad, bien de ella falto,

Con tal que diestro asegurarse pueda,
El que logró subir, arriba queda.
Y para asegurarse, no es forzoso
Ser sumiso a las leyes, justiciero,
Magnánimo, inflexible, laborioso;

Y consagrarse a la Nación entero.
Todo esto en el problema misterioso
De la firmeza del Poder, es cero:
Si el soldado no vuelve la tortilla,
El que logró subir, queda en la silla.

Y ¿qué hace la Nación? Modesta y blanda,
Encuentra más holgado y más ligero,
A los pies prosternarse del que manda,
Que la ira provocar de un granadero:
Y ella misma tal vez cruza la banda
Al pecho del soldado, que altanero,
Dijo al dar complemento a su tramoya
«Aquí mando yo solo, y arda Troya».

Turba de atribuciones le encomienda
La Carta, con prolijos pormenores
Sobre Instrucción, Marina, Guerra, Hacienda,
Justicia y Relaciones Exteriores.
Pero siga el Gobierno o no la senda
Que trazaron políticos Doctores,
Lo que de positivo hay en el caso,
Es que el Perú no sale de su paso.

Yo a un buen Ejecutivo le diría,
Por toda atribución: «Coge un garrote,
Y cuidando sin vil hipocresía
Que tu celo ejemplar el mundo note,
Tu justicia, honradez y economía,
Y que nadie esté ocioso, ni alborote;
Haz al pueblo el mejor de los regalos:
Dale cultura y bien-estar a palos».

TÍTULO IX
Ministros del Despacho

Aquel que adusto
En este empleo a su opinión se aterra,
Y a lo desacordado y a lo injusto
Se opone franco y sin ardides, yerra.
Para conciliar pues lo útil y justo,
Con su interés, y no venir a tierra,
El Ministro ha de ser de índole elástica,
Y de no poca habilidad gimnástica,

Así que, en todo asunto malo o bueno,
O da gusto, o embauca a su Excelencia;
Y cuando inevitable entrar de lleno
Y Llega a ser en cuestión de trascendencia,
Y Si el Gobierno navega en mar sereno,
Le rinde al Presidente su conciencia;
Y si borrasca el horizonte anuncia,
Hace valientemente su renuncia.

Si con franqueza alguno le censura
Un decreto, de injusto e imprudente,
Exclama con gentil desenvoltura:
«¿No sabe U. lo que es el Presidente?»
Y si le alaban otro, por ventura,
Dice, no más urbano y reverente,
Que solo pudo, a fuerza de paciencia,
Vencer la obstinación de su Excelencia.

De sus colegas a los actos niega,
Patriotismo, honradez, tino y criterio,
Tratando a los demás, cada colega,
A su vez con el mismo vituperio.
Y nada pone fin a la refriega,
Ni da armónica acción a un ministerio,
Porque un Ministro suelto se somete
Con más docilidad que un Gabinete.

TÍTULO X
Del Consejo de Estado

Cuerpo egregio,
Constituido por quince ilustres socios,
Que aunque jamás pisado hayan Colegio,
Jovellanos serán, Blackstones, Grocios;[50]
Pues gozarán del raro privilegio
De fallar con acierto en los negocios
Más graves, más difíciles y extraños,
Con solo haber cumplido cuarenta años.

Dos sesiones tendrán semanalmente;
Concurrirán a la hora que se indica,
Puntuales cuando puedan buenamente;
Se lee el diario, se fuma, se platica;
Y cuando acude el quorum competente,
Hasta una hora a veces se dedica
A algún negocio de notoria urgencia,
Para tranquilidad de la conciencia.

Mitras, magistraturas, embajadas,
Piden por requisito indispensable,
Para ser legalmente adjudicadas,
Del Consejo el acuerdo favorable:
Y a la mano teniendo unas tajadas
De estimación tan alta, es indudable
Que, a no ser un solemne majadero,
Alguna ha de atrapar el Consejero.

TÍTULO XI
Del Poder Judicial

Casi lo mismo
Subsiste hoy en su forma y en su esencia,
Que bajo el cacareado despotismo

---

50 El autor hace referencia a grandes juristas y politólogos: Gaspar Melchor de Jovellanos (1744-1811), William Blackstone (1723-1780) y Hugo Grocio (1583-1645).

De los Corregidores y la Audiencia.
Si abismo entonces era, hoy es abismo,
Aunque con la importante diferencia,
De que hoy con frac humilde el Juez despacha,
Y entonces con jerárquica garnacha.[51]

Turnaran los empleos judiciales
Entre letrados de cualquier ralea,
Porque la ley que a todos hace iguales,
Quiere que el cargo alternativo sea.
A todos, pues, los patrios tribunales,
Abra indulgente y popular Astrea;[52]
Y si lumbreras no hay, habrá candiles
Se verán de Jueces alguaciles.

Un Juez que se eterniza en un Juzgado,
Es la imagen más fiel del egoísmo.
¿Elector, Periodista, Diputado
El premio no optarán del patriotismo?
El sueldo es lo esencial del magistrado;
Y en cuanto a la aptitud, vale lo mismo
Ser leguleyo mazorral[53] e intonso,
Que ser tan sabio como el rey Alfonso.

TÍTULO XII
Régimen Interior

Esta incumbencia
A los Prefectos señalada ha sido.
En sacar al Gobierno, está su ciencia,
Siempre en la gresca electoral lucido:
Honran toda función con su presencia,
Firman las notas, que, como es sabido

---

51 Aunque en México la voz *garnacha* hace referencia a un alimento de base de maíz y grasa, aquí designa la vestimenta togada con mangas y sobrecuello grande.

52 Divinidad griega y virginal representada por Libra en el cielo nocturno, después de abandonar la tierra en la Edad de Hierro.

53 Grosero o rudo.

El Secretario les presenta escritas,
Los domingos hacen sus visitas.

Además de la gran Legislatura
También vendrá visiblemente a pelo
Dar importancia a cada Prefectura
Con otra Asambleílla o Congresuelo.
Así tendrán ocupación segura
Las notabilidades de este suelo,
Que en la inacción consúmense y el vicio
Por no tener ni haber tenido oficio.

De esta manera, empleos naturales
También tendrá la producción del huano,[54]
En cambio de la cual, ricos metales
El Francés nos regala y el Britano.
En obras consumir estos caudales
De utilidad durable, fuera insano.
Lo que en vientre nos dio de las gaviotas,
Debe el vientre llenar de los patriotas.

TÍTULO XIII
Ejército

El soldado es obediente,
Y jamás ha de ser deliberante,
A menos que ocurriere el caso urgente
De algún pronunciamiento interesante.
Ser le incumbe además constantemente,
De los derechos públicos garante;
como tal enseña, sable en mano,
A votar con acierto al ciudadano.

Para usar de la acción pronunciativa

---

54 Peruanismo venido del quechua *huanú*, que significa estiércol. Se trata del excremento de las aves que contiene ricos minerales. La famosa Guerra del Pacífico que enfrentó a Chile con Perú y Bolivia entre 1879 y 1884 fue conocida también como «la guerra de guano y el salitre».

Contra el Gobierno, si este lo molesta,
Dará a la autoridad ejecutiva
Un empellón, y se acabó la fiesta.
Y si la potestad legislativa
Fuese para el soldado la indigesta,
El soldado echará por la ventana
A la Legislatura Soberana.

Ítem, para cualquier pronunciamiento,
Es requisito que se extienda un acta,
En que de los motivos y el intento,
Se dará con vigor razón exacta;
Y el pomposo y solemne documento
Dejará la honra del soldado intacta,
Y afianzará a los pueblos satisfechos
La inviolabilidad de sus derechos.

Cuanto la Carta que precede encierra,
En lo posible se ajustó a la moda.
Si a otras constituciones de mi tierra
En su ingenua dicción no se acomoda,
No es la desigualdad caso de guerra,
Puesto que está la diferencia toda,
En que esas visten al Perú de máscara,
Y esta lo deja con su propia cáscara.

Sí: que fiesta de máscaras exóticas
Es adaptar con afanosa táctica
Trajes franceses a costumbres góticas,
Y así ponerlas a danzar en práctica;
Como si empalmaduras estrambóticas
De temas de política didáctica,
Bastarán a curar dolencias públicas
Y a convertir colonias en repúblicas.

¿En repúblicas? sí, ya estamos frescos.
Obra es esa que tiene tres bemoles,
Aunque hicieran esfuerzos gigantescos
Los antiguos colonos españoles.

No con Peruanos más que con Tudescos,[55]
Si de honor y virtud no son crisoles,
Por más que diga enfática la carta,
Se fundará una Atenas ni una Esparta.

¿República con pueblos a los cuales
El bienestar social no ofrece hechizos,
Ni lograrán ardientes pastorales
En sentido común hacer rollizos?
¿República con razas desiguales
De blancos, indios, negros y mestizos,
Que uso de siglos a vivir condena
Eslabonados en servil cadena?

Respublica del Lacio[56] en el idioma
Perdió la *S* en el nuestro; y yo lo siento;
Porque tal vez aquí mejor que en Roma,
La palabra con *S* viene a cuento;
Pues significa, aunque parezca broma,
Publica res que con furor hambriento,
De la ambición reclaman lonja a lonja,
La perfidia, el descaro y la lisonja.

Mas no hace al caso el nombre, ni el ropaje,
Cuando hacedera y útil es la cosa.
Si el pueblo que salió del coloniaje
Se convierte en nación culta y dichosa;
Si libre de injusticias y de ultraje
El hombre ve su dignidad preciosa;
Si se respetan de la misma suerte
Los derechos del débil y del fuerte;

Si su mérito eleva al ciudadano,
No espíritu mezquino de pandilla;

---

55 Relativo a los pueblos germanos occidentales durante la Edad Media.

56 Aunque Lacio es una región específica de la península itálica, del italiano *Lazio,* el poeta lo entiende en el sentido amplio de latinidad, es decir, *Latium Vetus,* donde se asentaron los primeros latinos.

Si el desorden fatal no reina insano:
Si ante la ley la autoridad se humilla;
Si un patrio porvenir diviso ufano,
En que prosperidad eterna brilla;
Si esto con la República consigo,
Mil veces la República bendigo.

Mas no fue así; que el pueblo sigue esclavo
Y ainda mais, vive en convulsión constante;
ainda mais, pronto no tendrá un ochavo,[57]
En la necesidad más apremiante.
Con todo, desde Bering hasta el Cabo,
Quien no es republicano, es un tunante.
Sin acatar que dicha más notoria,
Da a sus gringos el cetro de Victoria.

El mundo nuevo, es joven y robusto:
El viejo mundo, débil y menguado:
Hiela el frío del orden, al vetusto:
El nuevo en libertad está inflamado:
Por eso tienen diferente gusto;
en la inquietud que al orbe el siglo ha dado,
El viejo mundo avanza sin cansarse,
Y el nuevo se entretiene en devorarse.

El que tache este cuadro de hiperbólico,
Diga si admiten expresión numérica,
Los achaques que espíritu diabólico,
Propaga en todo el ámbito de América.
Todo a la vez; encefalitis, cólico,
Cólera, llagas, convulsión histérica,
Y ¡qué sé yo que más!... ¡Ah! y moral trémula,
De las dolencias tísicas digna émula.

Da horror y pena ver atormentando
Con fantasmas y ensalmos y embelecos,

---

57 Se apela a al habla popular en el «ainda mais» y el «ochavo» es un octavo, es decir, la moneda española de cobre con peso de una octava de onza.

A vasallos imbeles de Fernando,[58]
Para hacerlos latino-franco-grecos;
Y que con solo publicar por bando
Artículos estériles y huecos,
Sin más preparación ni ceremonia,
A República asciende una colonia.

Ya se ve: el que demócrata se muestre,
Se hace el Legislador más sabiondo,
Que después de gritar todo un semestre,
A un código pondrá punto redondo;
Y acreedor en su juicio, a estatua ecuestre,
Exclamará muy hueco y muy orondo,
Lleno de inepcia y vanidad insana:
«Ya he constituido la Nación Peruana».

Y ¿esa constitución tendrá firmeza?
Sí; porque tú lo quieres, mentecato;
Tú que no sospechaste en tu simpleza,
Que das a la Nación por liebre gato.
¡Facililla, por cierto, es la proeza
De hacer que un pueblo se acomode grato
A una ley que con su índole está en pugna
Y que a intereses prácticos repugna!

¿Qué será de esa que tu libro encierra
Cuando la ley del Dios de mansedumbre
No alcanzó a propagarse por la tierra,
Luego que del Sinaí se oyó en la cumbre;
Y siguieron venganza, y odio, y guerra,
Prostitución y robo y servidumbre,
Hasta que un Hombre Dios mandó el Eterno,
A quebrantar las puertas del infierno?

Sí: adalid de esa Ley hermosa y pura,
El Redentor la aseguró en el Templo

---

58 Hace referencia a Fernando VII (1784-1833), en cuyo reinado se produjeron las abdicaciones de Bayona y los procesos de independencia hispanoamericanos.

Con su excelsa virtud, con su dulzura,
Con sus milagros, con su santo ejemplo.
¿Presumes que gozar igual ventura
Podrá tu ley? Difícil lo contemplo.
Ley que no es la verdad, perece pronto:
Es ley para el hipócrita y el tonto.

¿Proclamas libertad? muy en buenhora:
También, cual tú, de amarla hago yo alarde;
Mas libertad sin orden, nadie ignora
Que nunca se hunde en el sepulcro tarde.
¿Libertad en la tierra pecadora,
Sin un poder robusto que la guarde,
Poder presidencial o poder regio?
¡Esas son necedades de colegio!

¿Qué la libertad es, si no la lía
Ese fuerte poder? De la ira eterna
Es maldición terrible: es anarquía,
Chusma que sin moral ni ley gobierna:
La libertad brutal que conducía
Víctimas en París a la linterna:
La libertad estéril y quimérica
Que agosta en flor la juventud de América.

¿Quieres dar libertad? Da garantías
En realidad palpable, no en papeles:
Da justicia severa y no teorías:
Gobierno firme y fácil, no pasteles:
Danos paz, danos orden y no orgías:
Danos a su deber empleados fieles:
Danos educación y no doctrina
Como la que en tu ley se nos propina.

Comenten esa ley los tiempos turbios
En que las populares elecciones
Ponen la capital y los suburbios
A la disposición de los ladrones.
Coméntenla igualmente los disturbios
Con que desenfrenadas ambiciones
A este desventurado pueblo azotan,

Vierten su sangre, y su tesoro agotan.

Coméntela otro si, cada Asamblea
Que se instala impertérrita y ardiente,
Para aplicar consumidora tea
A cuanto sancionó la precedente;
Y con celosa actividad se emplea
En darle a todo, giro diferente,
Hasta que, con afán mas ilustrado,
Viene otra, a hacernos desandar lo andado.

Vence hoy las libertades, como impuro,
Aborto de las furias del Averno;
Y mañana todo es rojísimo puro,
El rojo más terrible, es el Gobierno.
Mas no admira en Republica, aunque es duro,
Este trajín, peloteador eterno;
Pues la que por más célebre se nota,
Tuvo por cuna el juego de pelota.

Para esto ¡qué mociones! ¡qué certámenes!
¡Qué barra! ¡qué ovaciones al demócrata!
¡Cuánto anatema lanzan los dictámenes,
A la Iglesia, al Gobierno, al aristócrata!
Ya se cree que al furor de los vejámenes,
En la sesión siguiente, cae el autócrata...
Mas la falta de quorum, pone obstáculo,
A la realización del espectáculo.

Un día más... Lo mismo: bancos yermos
Avisos de unos cuantos Diputados,
Que indispuestos están. Los estafermos
De la barra, se van desconcertados.
Corren los días: sanan los enfermos:
Calman su agitación los exaltados;
Y otra cuestión ocupa los debates,
Con solo bonancibles disparates.

Coméntela también el indio rudo,
Que proclamado libre, vive abyecto,
Los puntapiés sufriendo humilde y mudo,

Con que lo favorece el Sub-Prefecto.
¡Oh, escarnecida libertad! ¡Tu escudo
Es para el indio de pasmoso efecto!
¿Trotar a pie le mandan? —Calla y trota:
¿Votar? —Recibe su papel y vota.

Y vota seducido o violentado;
Y en vil manejo la Provincia bulle;
Y ese voto a otros tales asociado,
En la ánfora electiva se zambulle;
Y sale un Senador o un Diputado;
Y la buena República se engulle
El engendro ilegítimo y burlesco,
Como si se engullera un huevo fresco.

He aquí lo que los sesos me machuca,
Y el corazón me seca. Si a Dios plugo
Otorgarnos un pueblo que la nuca
Humilde y espontáneo ofrece al yugo,
¿Por qué su mansedumbre no se educa?

¿Por qué de su humildad no sacar jugo
Dándole cuerdamente una molestia
Útil, a un tiempo, al amo y a la bestia?
Juzga la educación del proletario,
El alto vulgo, artículo de lujo;
Y a fe que hasta es un mal, si mercenario
Instrumento ha de ser de ajeno influjo;
Pues siempre que el pastel eleccionario
Exija una impostura, o un tapujo,
O la guerra civil pida un recluta,
Vale más un salvaje, sin disputa.

Y ya que lo aplicamos a pasteles;
Ya que recibe su papel y vota
El indio sin chistar, de esos papeles,
¿Por qué fruto benéfico no brota?
¿Por qué no son las urnas, escabeles
Solo para elevar hombres de nota
Por su moral, costumbres y cultura,
Que nos den porvenir de honra y ventura?

Fuera excusable de violencia el uso,
Si lo inspirase sentimiento hidalgo;
Si del baldón que el fuerte les impuso,
Los mismos pueblos reportasen algo.
Mas, por dicha, ¿Ventaja del abuso
Reporta la Nación?... sí; echarle un galgo;
Su parte en el nefando trampantojo,
Son gastos y desastres y sonrojo.

Y ¿no es el colmo del delirio humano
Que no huya nadie del fatal contagio?
¿Qué ve en su patria el mísero peruano
Para halagarse con feliz presagio?

La parodia del pueblo soberano:
El entremés del popular sufragio:
Campos sin producción, fisco sin renta,
Inculta plebe, y licenciosa imprenta.

¡Inculta plebe!... sí, vuelvo a la carga;
Y mi repetición halle indulgencia,
Si majadera mi discurso alarga;
Que no es vituperable la insistencia,
Ni la censura demasiado amarga,
En cuestión de tan grave trascendencia;
Pues esto de tener plebe tan roma,
Es del Perú la más fatal carcoma.

Inculta plebe, sí: que el ciudadano
Que los tutores de la patria elije,
Bien orillas del mar habite el llano,
Bien tras los Andes su morada fije,
Aunque fracción del pueblo soberano
Que los destinos del Perú dirige,
Nada sabe, ni tiene más negocio
Que adormecerse estéril en el ocio.

Pues aunque en otras tierras acontece
Que el populacho de ínfima ralea
Si no le dan trabajo se enfurece,
Y a su furor el orden bambolea;

La plebe aquí otras dichas apetece;
Y se amostaza, y chilla y corcovea,
Si a combatir alguno se arremanga
La torpe ociosidad en que se enfanga.

¡Imprenta licenciosa!... agrio y adusto
Aquí frunce el lector el entrecejo,
Y me sindica de hombre de mal gusto,
De servil, de retrógrado y de añejo:
Pero no soy contra la imprenta injusto;
Ni cuando cumple su misión, me quejo;
Ni pretendo, por tirria, hacerla esclava;
Voy a explicarme en la siguiente octava.

Cuando a sus santos fines satisfaga
La imprenta, razón es que libre sea;
Cuando verdades útiles propaga,
Y en resistir a la opresión se emplea:
Pero la imprenta libre es fatal plaga
Cuando falaz por el error campea,
Cuando la ley de la decencia rompe,
Cuando del pueblo el corazón corrompe.

Atravesad los Andes encumbrados
Y encontraréis para este siglo, asombros;
Atroz miseria, pueblos incendiados,
Aterradora soledad y escombros:
Caminos tan estrechos y escarpados,
Que es preciso llevar la carga en hombros,
Y de una peña atados a otra peña,
Puentes ¡qué horror! de sogas y de leña.

Así es y así será, porque los miles
Que en nuestras arcas Chincha[59] ha derramado,
En vez de producir ferrocarriles,
Puentes, canales, honra, solo han dado

---

59 Región peruana que actualmente forma parte del departamento de Ica. En 1868 se elevó a calidad de provincia con su capital Villa de Pisco.

A la anarquía pólvora y fusiles,
Muerte al instinto noble y elevado.
Y a torpe multitud sedienta de oro,
Abrevadero en el Fiscal Tesoro.

¿Qué será del Perú, cuando agotada
Esa mina, agonice en la pobreza,
Porque su población no está enseñada
A producir la pública riqueza?
¡Por senda natural, subir honrada
Joven nación, pudiste a la grandeza,
Y vino el huano, y te dejó por gaje
Vejez precoz de vil libertinaje!

Si esta invención de amoniacal esencia
En vez de hacer al hombre laborioso
Lo ha hecho aspirar a súbita opulencia,
Y degradado vegetar y ocioso;
Si a ella debemos sangre y turbulencia
Y un porvenir menguado y tenebroso,
Y en el honor peruano manchas feas,
Invención infernal, ¡maldita seas!

Y a la vista de tanta desventura,
¿Diremos que es vergel lo que es abismo?
¿Vale más nuestra pérfida cultura
Que el candor del antiguo fanatismo?
¿Fue nuestra suerte más adversa y dura
Cuando nos agobiaba el despotismo
Del monarca español?... —Los que esto asienten,
Con el perdón de mis lectores, mienten.

El soldado bajo esa armazón rancia
Mucho menos propenso era al abuso:
Era menos común la petulancia,
Y estaba la vergüenza más en uso:
No era injuriado el hombre de importancia,

Ni era hombre tic importancia el *volantuso*:[60]
Y en todo el continente americano
No circulaba un cuatro boliviano.[61]

Entonces muy tranquilo y sosegado
Tomaba cada cual su chocolate,
Sin que le acibarase el buen bocado
El motín de cualquiera botarate:
Motín para que un nuevo Magistrado
Agregue disparate a disparate,
Sin que salgamos nunca del establo
En que nos quiso emparedar el diablo.

Y apenas tienen del motín barrunto,
Gritan los ciudadanos: «Cierra-puertas»,
Y calles vense y plazas en un punto,
Como por golpe eléctrico desiertas.
¿Qué extraño, pues, que el mandarín presunto
Las puertas halle del poder abiertas,
Si al anunciarse el criminal empeño
Solo atranca las suyas el limeño?

Desenlazase el drama, y luego, luego,
La turba en la ciudad hierve animosa,
Ya defendiendo con ardiente fuego,
Ya condenando la traición odiosa;
Hasta qué un húsar portador de un pliego
Viene a galope… y pies en polvorosa…
Las calles otra vez quedan desiertas
Con el grito marcial de: «Cierra-puertas».

---

60 Nota de Felipe Pardo y Aliaga: «Por si alguno de los ejemplares de este número merece los honores de la exportación, advertiré á mis lectores extranjeros que *volantuso* es una voz provincial, equivalente, poco más ó menos, á badulaque. El *Diccionario* de Salvá, á pesar de su riqueza en voces provinciales americanas, no se acordó de dar á conocer al mundo, el *volantuso*».

61 Instrumento de cuerdas.

Aunque gruñan severos Aristarcos,[62]
Yo prefiero a estos tiempos que dan grima,
Aquellos tiempos en barullo parcos,
En que tan solo se agitaba Lima,
Cuando elegía su Rector San Marcos,[63]
O votaba una Cátedra de prima,
Sin que sacase, cual los de hoy, la Imprenta,
Aquellos candidatos a la afrenta.

Y a fe, y a fe que en tales votaciones
Hechas por capirotes[64] de alta guisa,
No fue como hoy ritual en elecciones,
Pedir al cielo con solemne misa,
Que sobre tramoyistas y matones
Y aguadores en mangas de camisa,
Baje del Santo Espíritu la llama,
A iluminar la abominable trama.

Entonces sin la unción edificante
De dulce y democrática homilía,
Sin igualdad, ni pueblo sufragante,
Ni constitucional algarabía,
Y con negrofilismo más galante
Y menos peligroso que el de hoy día,
Viéronse mil matronas abrir gratas
Sus salones a bailes de mulatas.

¡Doctrinarios! quedárades absortos
De que cuando ni hidalgos ni pecheros
Lograban escuchar vuestros exhortos,
Marmitones[65], lacayos y cocheros,
Unos con fraques largos y otros cortos,

---

62 Hace alusión al erudito astrónomo y matemático griego Aristarco de Samos (c. 310 a. C- c. 230 a. C.).

63 Referencia a la Universidad de San Marcos, primada de la América continental, que en el siglo XIX funcionó muchas veces como recinto del Congreso de la República.

64 Dicho de una res vacuna.

65 Humilde ayudante de cocina.

Bailasen como ilustres caballeros
Con cuarteronas[66] hechas grandes damas,
Con los ricos diamantes de sus amas.

¡Oh! ¡Cómo un negro en el minué[67] sabía
El zapato arrastrar de terciopelo,
Con gentileza que ofrecer podría
A un petimetre[68] de Paris, modelo!
¡Oh! ¡con que urbanidad se relamía,
Cortesano al hablar cada mochuelo,
Sin la deshonestísima metralla
Con que hoy atruena Lima la canalla!

Y ¿por qué? Porque entonces no existía
Este nivel tirano y repugnante
Que aplasta al hombre de mayor valía
Hasta ponerlo igual con el bergante;
Y el negro, por ejemplo, que quería
Mejorar de su suerte lo humillante,
En su buen proceder justo reintegro
Lograba hallar de haber nacido negro.

La igualdad del progreso protectora,
La que ardorosa el mérito promueve,
La que con buena educación mejora
Los dañados instintos de la plebe,
La que da y engrandece; es bienhechora
Santa igualdad a que aspirar se debe:
La que para igualar quita y rebaja,
Es igualdad que a la justicia ultraja.

No había manumisos ciudadanos,
Ni de chinos feísimas legiones,

---

66 Apelativo proveniente del sistema de castas colonial para referirse a los sujetos nacidos de mestizo y española.

67 Baile aristocrático de origen francés y popularizado en el s. XVIII donde las parejas realizan figuras con la coreografía.

68 Señorito que está muy atento a las reglas de protocolo social y el mundo de la moda. Del francés *petit maître.*

Ni acreedores franceses ni britanos,
Ni peste de Licurgos y Solones,[69]
Ni incesantes discordias entre hermanos,
Ni cambio cada mes de instituciones,
Ni medio centenar de generales,
Ni de crédito público tamales…

¡Ay! arránqueme alguno un canto lírico
Que en el Polo resuene y en el Trópico,
Ora sea un doctor, ora un empírico,
¡Qué para nuestro mal descubra un tópico!
O cese al menos el furor satírico
De que me tiene el patrio amor hidrópico,
Y ocúltenme benévolas las piérides,[70]
Nuestras calamitosas efemérides.

Sí; que afligir no quiero la memoria,
Con otras plagas de mayor tamaño
Que a esta administrativa pepitoria
Más descrédito causan y más daño:
Ni ¿qué me importa a mí la tal historia?
Siga la barahúnda año tras año,
Que si la Patria en ello se complace,
Ya tiene edad para saber lo que hace.

---

[69] Hace referencia a los míticos legisladores del mundo antiguo: el espartano Licurgo y el ateniense Solón.

[70] Musas. El nombre apela a Pieria, región de Tracia, de donde se creía que procedían estas divinidades.

Gertrudis Gómez de Avellaneda (1814-1873)

Conocida por ser la autora de *Sab,* una de las primeras novelas antiesclavistas en América Latina, y *Dos mujeres,* novela que adelanta un germen feminista, esta escritora cubano-española también se distinguió por su finura y sus lances poéticos. Tras ser premiada por sus poemas en el Liceo Artístico y Literario de Madrid, consagró fama como autora. Fiel al imaginario romántico de aquel momento, es desventurada en amores y matrimonios. Después de una larga temporada en España, regresó a la isla para ser proclamada por sus logros literarios. Murió en Madrid.

LA VENGANZA

¡Callados hijos de la noche lóbrega!
¡Espíritus amantes del pavor,
que la venganza alimentáis recóndita,
y esfuerzo dais al criminal amor!
Númenes mudos de asechanzas pérfidas,
protectores del odio y la traición,
que disipáis vacilaciones tétricas
de flojo miedo y necia compasión!
¡Los que en las selvas solitarias, lúgubres,
dais al bandido el rápido puñal,
y los gemidos sofocáis inútiles
del que a su golpe sucumbió mortal!
¡Ministros del error!, ¡del crimen súbditos!
¡Atended!, ¡atended! ¡Volad!, ¡volad!
Que ya la hora sonó de ansiado júbilo
y sus puertas abrió la eternidad.

Dejad los antros de la inmunda crápula,
do prodigáis mezquina inspiración,
y el blando sueño de la virgen cándida
no perturbéis con lúbrica visión;
ni atormentéis vigilias del ascético;
ni adustos con la esposa criminal,
la hagáis soñar que se convierte en piélago
de hirviente sangre el tálamo nupcial;
ni a inicuos jueces las inultas víctimas
reproduzcáis en lúgubre escuadrón;
ni al vil logrero la indigencia lívida,
lanzando en él terrible maldición.
¡Más digno fin, placeres más insólitos
hoy os preparo, espíritus sin luz!
¡Momentos son a vuestras ansias prósperos
los que esta noche envuelve en su capuz![71]
Su trono se alza esplendoroso de ébano,
y los vientos se duermen a sus pies,
y su honda paz, como la paz del féretro,
profunda, fría y sin sonidos es.
Ved las estrellas de su imperio prófugas;
ved cuál cubre la luna su dosel,
y el manto azul de la celeste bóveda
negro se vuelve, en protegeros fiel.
El eco duerme en sus asilos cóncavos;
duerme en la sombra el céfiro fugaz…
mi odio tan solo vela, y mira atónito
la para él desconocida paz.
Ningún rumor en el silencio fúnebre
el negro arcano revelar podrá...
¡Solo a vosotros, del misterio númenes,
la muda voz os felicita ya!
¡Venid!, ¡venid, que de rencores grávida
siento esta frente, que miráis arder,
y un lauro pide, que refresquen lágrimas,
Para templar su acerbo padecer!

---

[71] Pieza que se usa para cubrir la cabeza, del francés *capuce.*

¡Venid!, ¡venid, espíritus indómitos!
¡De horror y duelo este recinto henchid!
venid, las alas sacudiendo próvidos,
a enardecer mi corazón. ¡Venid!
¡Venid!, venid! del enemigo bárbaro
beber anhelo la abundante hiel...
¡No más insomnes velarán mis párpados,
si a él se los cierra mi furor cruel!
¡Dadle a mis labios, que se agitan ávidos,
sangre humeante sin cesar, corred!
¡Trague, devore sus raudales rápidos,
jamás saciada, mi ferviente sed!
Hagan mis dientes con crujidos ásperos
pedazos mil su corazón infiel,
y dormiré, cual en suntuoso tálamo,
en su caliente, ¡ensangrentada piel!
Al retratar tan plácidas imágenes,
siento de gozo el corazón latir...
¡Espíritus de horror, no pusilánimes
dejéis mi sangre inútilmente hervir!
Si en estos campos solitarios, áridos,
queréis tener magnífico festín,
dadme sus miembros, dádmelos escuálidos,
y en ellos mi hambre se apaciente al fin.
¡Ministros del error!, ¡del crimen súbditos!
¡Atended!, ¡atended! ¡Volad!, ¡volad!
¡Que ya la hora sonó de ansiado júbilo,
y sus puertas abrió la eternidad!

1848

Ignacio Ramírez
(1818-1879)

La figura de este poeta es una estampa evocadora del liberalismo social y el espíritu radical mexicano que usó los pseudónimos de «Nigromante», «Tirabuque» y «Chile Verde». Cuando era adolescente ingresó la Academia de Letrán con un discurso que cimbró las estructuras morales de la época. Coadyuvó a la reapertura del Instituto Literario de Toluca. Escribió en favor de los oprimidos y los indios; ejerció un magisterio indeleble, particularmente en Altamirano. Fue diputado constituyente en 1857, ministro de varios ramos y finalmente ejerció como presidente de la Corte. Para Liliana Weinberg, encarna la palabra de la reforma en la república de las letras.

REFORMA CONSTITUCIONAL[72]

Siempre que mi lectora un hombre vea
vagando por las calles, tardo, incierto,
con cuello erguido y catadura fea,

frunciendo un ojo cual si fuera tuerto,
con largo puro y barba perdurable,
pues entre pelo hay un desierto,

con rabona casaca y largo sable,
de alguna orden armado, o de una cita
que solo a gritos con baldones, hable,

---

72 Este poema apareció originalmente en *Don Simplicio,* t. II, 2ª época, núm. 5, 14 de enero de 1846, p. 1.

que el puesto o tlaco[73] a las fruteras quita,
a otras ahuyenta, a todas las asusta,
maldígalo, mas quedo, *es aguilita*;[74]

él ejecuta la sentencia injusta
que en la diputación ha *prununciado*
un necio alcalde, con manera adusta.

Un alcalde es un juez que se ha inventado
para escuchar y sentenciar de balde
los chismes mujeriles, y a su agrado.

También se deja que otras cuentas salde.
De quien naturaleza hace un jumento,
el cuerpo electoral forma un alcalde

alguna vez; como uno que, no miento,
porque la ley me veda dar a un tonto
su nombre tras su digno tratamiento,

mas a decirlo en lo privado, pronto
lectora estoy, ya sabes dónde vivo,
y otra vez a mi historia me remito.

De un poder judicial legislativo
goza un alcalde, y en la misma esfera
la aguilita del ejecutivo.

Es una forma de gobierno entera
que ojalá y solamente se hubiera hecho
para que en las mujeres se ejerciera,

pues el hombre no queda satisfecho
al perder, si no apoyo la sentencia

---

73 Moneda corriente, se trata de un nahualismo que viene de *tlaco*, es decir, mitad.

74 Originalmente hacía referencia un celador municipal. Posteriormente, con la creación de la gendarmería, los *aguilita* eran agentes de policía que solían llevar en sus uniformes águilas pequeñas bordadas. La expresión suele ser despectiva y puede encontrarse en *El Gallo Pitagórico* o en *El fistol del diablo* de Payno, entre otras publicaciones.

alguna glosa o texto de derecho:

Y estando en esta misma inteligencia
el lego juez demandada a su escribano
contra la ley, harapos de la ciencia:

Mas si saben su Alonso y Justiniano,[75]
ya la vera y ya la ley empuña,
según conviene a quien le da la mano.

Que no tenga el alcalde ley ni uña,
juzgue gratis y bien a las mujeres,
esta le expongan, que otra rasguña,

pida aquélla robados alfileres:
a su esposo, Isabel, que le mantenga,
y Luz a Juan vencidos alquileres;

y sobre todo a nadie se detenga,
y más cuando litiga por peso,
hasta que su poder en forma venga;

cuatro o cinco gastar la hará con eso
dígase el juez yo soy el magistrado
de las viejas, y al par soy su congreso.

Por sacar un alcalde de su agrado
intrigue la mujer como hace el hombre,
por algún senador o diputado.

Cuide también de que jamás se nombre
un aguilita, esto es, su presidente,
que con su despotismo al mundo asombre:

Y tal es el influjo que al presente,
sin que lo sepa lo vea,
ejercerá en política últimamente.

---

75 Destacados juristas: el español Alonso Díaz de Montalvo (1405-1499) y el emperador Justiniano I (c. 482 d. C-565 d. C), famoso por su *Corpus iuris civilis.*

Del Universo lo más bello sea
la mujer, como quiere el tierno bardo,
con tal que yo tenga una, aunque sea fea.

Como hijos no me chillen, no me guardo
de saber si hay alguna esposa casta,
como asegura Pedro, y es bastardo.

Don Nebrija Requejo[76] afánese hasta
hacer de mi querida un diccionario,
le dejo su alma, lo demás me basta.

Un político llame necesario
elegir diputadas, senadoras,
y a su mujer de diario le dé el Diario:[77]

Yo defiendo no más que estas señoras
tengan dinero, ya que su destino
es en la sociedad ser comedoras;

pues ya se consideren Don Divino,
como quiere el amante o cual las trata,
soldado, esposo, género pollino.

Comen, y la comida cuesta plata;
y digan lo que quieran, una esposa,
linda o no, mas con dote, siempre es grata:

Jamás la utilidad fue vergonzosa,
pues aunque lo publica el moralista,
escondido en su casa hace otra cosa.

El verdadero amor es agiotista;
pronta a sacrificarme un rico, anoche,
mi novia estaba, y dije: «Dios me asista,

---

76 Sin duda, hace referencia a la labor lexicográfica de Antonio de Nebrija (1444-1522) y de Valeriano Requejo (1621-1686).

77 En 1846 se nombró al general Mariano Pérez y Arrillaga como presidente interino en el contexto de la guerra contra Estados Unidos. La publicación oficial de gobierno fue el *Diario del Gobierno de la República Mexicana*, antecedente del *Diario Oficial de la Federación*.

tú coplas le regalas y él un coche;
dirá alguno, y merece, majadero,
su conducta alabanza y no reproche»:

Así será, señor, mas considero
que si deja el patrón por su escribiente,
bien me podrá dejar por cochero.

La pobreza virtudes no consiste,
pues haciendo pasiones los deseos,
corrompe el corazón, ciega la mente.

Los brutales se sufren y los feos,
mas la mujer que no halla en casa sopa,
la busca en los portales y paseos.

Afirma Montesquieu[78] que allá en Europa
hay con una mujer para más de uno,
pero en Asia requiérese una tropa:

Y yo observo que en México ninguno
sin esposa y querida su ardor calma,
ya pase por honrado, ya por tuno.

La amasia tiene del amor palma,
la corona doméstica la esposa,
a una el cuerpo se da, y a la otra el alma,

la mujer por su parte hace igual cosa;
mas con sus leyes al mortal persigue
la ley de la natura bondadosa.

El hombre insano dice que se ligue
con un varón no más hasta la muerte

---

78 Probablemente, la obra del Barón de Montesquieu (1689-1755) a la que se refiere el autor en los siguientes versos sea *El espíritu de las leyes,* donde se reflexiona sobre la condición de la mujer en las sociedades. Allí se dice: «Y así es que la ley que no consiente que una mujer guarde más relaciones con el clima de Europa que con el de Asia ha sido una de las causas de que el mahometismo haya encontrado tanta facilidad en establecerse en Asia, y tanta dificultad de propagarse en Europa».

la que bienes no tenga, o se castigue.

Bien con uno cualquiera se divierte,
pero hasta ese uno faltará la vieja
si no puede sonar un peso fuerte.

¿Por qué de esto os burláis si ella se queja?
¿No sabéis que los dientes vanse, empero
más tarde el fuego del amor nos deja?

La mujer necesita del dinero,
aunque amoroso padre la mantenga,
pues siempre será un padre un majadero

que no querrá que su hija se entretenga
con su amante, y ya dije que ha mandado
naturaleza que un amante tenga.

Un padre debe ser considerado
como el tirano de las muchachuelas
que a la edad de los novios han llegado.

—Pues que vendan cigarros, que hagan velas,
que cosan munición, que vendan fruta
en banquete, zaguanes y plazuelas.

Trabaja pues. —Trabaja y no disfruta,
atended a que el hombre un solo oficio,
¡y qué oficio!, a las hembras no disputa.

Y es más rico de fuerzas y artificio;
triste destino el de una miserable,
o la hambre y muerte, o la existencia y vicio,

y lo que es en extremo abominable,
los gobernantes muchas ocasiones
les quitan las migajas; que alguno hable

de que un flojo no tenga posesiones,
y se dirá ¡la propiedad!, ¡descaro!,
e injurias lloverán y excomuniones.

Mas el estanco a muchas el cigarro
quita y el pan, y nadie habló palabra,
dijo el gobierno, el montepío agarro:

¿Y hubo predicador que su pico abra?
Se les veda acogerse a Citerea,[79]
y a lo más un hospicio se le labra.

Y no duerma tranquila quien se vea
con oro y con diamantes en sus manos,
la mujer fácilmente pordiosea.

¡Oh padre de la patria!, ¡oh ciudadanos!
Ya veis que las mujeres sólo tienen
o falsos lisonjeros o tiranos.

Las tristes de venderse se mantienen.
¿Por qué no miró funcionario alguno
que solicite lo que les conviene?

Son ciudadanas, tengan su tribuno,
en las bases propongo esa reforma,
¡oh congreso!, y el tiempo es oportuno.

Sirva un alcalde de tribuno y norma,
por mi voz las mujeres os lo ruegan.
Hoy un motín en dos por tres se forma,

pero cuando los hombres así juegan,
todo para romper cuatro faroles;
si a pronunciarse las mujeres llegan,
¡ay!, ¿quién guisa entre tanto los frijoles…?

---

79 Relativo a la diosa Venus, cuyo culto se desarrollaba principalmente en la isla de Citera.

Manuel González Prada (1844-1918)

De acuerdo con José Carlos Mariátegui, este poeta fue el intelectual de izquierda más significativo de su generación: se trata de «un instante —el primer instante lúcido— de la conciencia del Perú». Después de una temporada europea, regresó a su país dispuesto a poner en práctica un ideario anarquista entre los obreros e indígenas. Cercano al realismo literario y precursor del modernismo, sus ensayos —por ejemplo, *Pájinas libres*— son verdaderas cargas de dinamita crítica contra la aristocracia y la clase política. Su trabajo poético fue copioso y arriesgado, y en él cultivó varios registros. Murió a causa de un síncope cardiaco.

EL MITAYO[80]

«Hijo, parto: la mañana
reverbera en el volcán;
dame el báculo de chonta,
las sandalias de jaguar».

---

[80] Este poema forma parte de la *Baladas peruanas,* que fue publicado póstumamente en 1935. De acuerdo con Ricardo Silva-Santisteban, este libro formaba parte de un proyecto mayor conocido simplemente como *Baladas.* «El proyecto y la escritura de *Baladas* se estima que abarca de 1871 a 1879, es decir, antes de la Guerra del Pacífico (1879-1883), que marcó con hierro candente a la generación de González Prada». El mitayo era aquel que estaba sometido al sistema de mita que los españoles recuperan de los incas como un esquema de trabajo obligatorio para perpetuar así la explotación.

«Padre, tienes las sandalias,
tienes el báculo ya;
mas, ¿por qué me ves y lloras?
¿A qué regiones te vas?».

«La injusta ley de los Blancos
me arrebata del hogar:
voy al trabajo y al hambre,
voy a la mina fatal».

«Tú que partes hoy en día,
dime, ¿cuándo volverás?»
«Cuando el llama de las punas[81]
ame el desierto arenal».

«¿Cuándo el llama de las punas
las arenas amará?»
«Cuando el tigre de los bosques
beba en las aguas del mar».

«¿Cuándo el tigre de los bosques
en los mares beberá?»
«Cuando del huevo de un cóndor
nazca la sierpe mortal».

«¿Cuándo del huevo de un cóndor
una sierpe nacerá?»
«Cuando el pecho de los Blancos
Se conmueva de piedad».

«¿Cuándo el pecho de los Blancos
piadoso y tierno será?»
«Hijo, el pecho de los Blancos
no se conmueve jamás».

---

81 Altiplanos altos de los Andes.

SOCIALES Y POLÍTICOS[82]

Para extirpar los crímenes sociales,
Traer la luz y redimir al pueblo,
No quiere el buen Simplicio[83]
Revolución de muertes y de incendios.
Él pide solo evolución tranquila,
Sin destrucciones, víctimas ni duelos:
Pretende el buen Simplicio
Hacer tortilla sin quebrar los huevos.

***

El Derecho Internacional

En libros o en lo teórico.
Mucha justicia y razón;
Pero llegando a lo práctico,
Una bala de cañón.

***

Don Sinforoso, el luchador de fuste,
Dice en sus horas de furor guerrero:
—«No admito yo señores ni tiranos,
Que la doctrina liberal profeso,
Con una salvedad, con una sola:
Al que no piensa como yo, le cuelgo».

***

---

82 Estos fragmentos aparecen en la *Antología poética* consignada en las fuentes de consulta. Particularmente en la sección «De *Grafitos*». Nota original del editor: «*Grafitos*, publicado en 1937, recopila parte de la obra epigramática de González Prada. Las *Advertencias del editor* explican la imposibilidad de fijar la cronología del libro: "No pertenece *Grafitos* a época determinada, y si debiéramos precisar dos fechas, indicaríamos, 1866-1918, del año que escribió el autor sus primeros versos, al momento de su muerte"».

83 Nombre burlesco usado en América Latina en el siglo XIX. En México, se editó el periódico *Don Simplicio.*

De las turbas populares
Nada esperes ni te fíes:
Tienen sueños de marmota
Y despertares de tigre.

***

—¡*La vida o la bolsa!*
En el bosque el bandido nos grita.
Nos dice el Estado:
—¡Venga todo: *la bolsa y la vida*!

***

Querer con silogismos
Desarraigar lo malo
Es colar sinapismos
A una pierna de palo.
Donde un Zar dragonea
Y un Sultán decapita,
Hay una panacea:
La santa dinamita.

Rosa Araneda (c. 1850-c. 1894)

No existen muchos datos de la vida de esta poeta chilena ni constan con certeza sus años de nacimiento y muerte. Se sabe que rondaba entre los cuarenta años cuando estalló la Revolución de 1891 y que mantuvo un fuerte impulso político que marcó su trabajo literario, en muchos casos criticando los gobiernos de la época —los de Balmaceda y Montt—. Buscó dar voz al sentimiento popular de obreros, las mujeres y los indígenas, y describir los acontecimientos de su momento. Quizás porque fue pionera en su país de la tradición del poeta que testimonia injusticias, se consideraba a sí misma «poetisa cronista».

SENTENCIA I CRUCIFICACIÓN DE JESÚS[84]

Una niña buena moza
Con sus labios de coral,
Acompañó hasta el Calvario
Aquel Cordero pascual.
Estando en el huerto orando
Jesús en sus oraciones,
Se presentan los sayones
Que lo andaban buscando;
Lo siguen amenazando
De darle muerte afrentosa;

---

84 Tanto en ese poema como en el siguiente se conserva la ortografía chilena heredada de la obra lingüística de Andrés Bello. Únicamente se ha actualizado el uso de tildes.

Desde esa hora penosa,
Ya yendo por el camino,
Limpió su rostro divino
Una niña buena moza.
A Herodes lo presentaron
Para que lo ajusticiara;
A donde el rei que entrara
Con imperio lo mandaron;
I después se lo llevaron
A Pilatos al tribunal;
Para acrecentar su mal,
En el madero que estaba
Hiel i vinagre tomaba
Con sus labios de coral.
Pilatos dijo a la jente
Que el santo Hijo de María
Ninguna culpa tenía
I lo encontraba inocente.
Verónica mucho siente
Al contemplar el santuario:
Con un dolor temerario
Lo principió así a seguir,
I ayudándole a sentir
Acompañó hasta el Calvario
Cuando preso se tomó,
Jesús digo en el Pensil,
Azotes como seis mil
En su cuerpo recibió;
Todo por amor sufrió
Por redimir al mortal;
En nombre del Celestial,
Al principio su pasión,
Les daba la comunión
Aquel Cordero pascual.
Al fin, un San Cirineo,[85]

---

85 Simón de Cirene, quien, según los evangelios de Marcos, Lucas y Mateo, ayudó a Cristo a cargar la cruz hasta el Gólgota.

Por cumplir las profecías,
Acompañando al Mesías
Desempeñó dicho empleo
Con cariño i con deseo.
Mi Dios marchaba contento
En aquel triste momento;
Sin haber duda ninguna
Se eclipsó el sol i la luna
Al lanzar su último aliento.

EL RICO CON EL ESTADO[86]

En media están trabajando,
Casas i haciendas comprando
Con lo que tienen robado.
Al pobre lo han atracado
I lo tratan con rigor,
El ajiotista, lector,
Les priva de nuestros fueros,
¡Arriba pues compañeros!
Para ahora es el valor.

---

86 Ese poema fue tomado de la siguiente fuente: Rosa Araneda, *El defensor de la libertad*, Colección Amunátegui, t. II, p. 294. Sin embargo, existen varias versiones del mismo. En una de ellas, cambia a partir del quinto verso: «Al fin, amigo banquero, / no sea tan usurero/ mire en su salvación / ponga un poco de atención / y déjese de amolar/no se vaya a condenar / como el avaro Opulón».

José Martí
(1853-1895)

Sin duda, Martí es uno de los poetas y revolucionarios más influyentes en la historia de América Latina por la relevancia de su trayectoria intelectual y de su digna defensa nuestroamericana ante el imperialismo, así como por su heroica y trágica muerte en combate. La vida cultural y política cubana no puede comprenderse sin la estampa de este prócer. El valor de la educación del individuo y la literatura infantil fue central en su concepción de ciudadano. En palabras de Lezama Lima, cuando el lenguaje decae, el lector tiene el ofrecimiento de «el fiesteo cenital en la rica pinta idiomática de José Martí».

XXIX[87]

La imagen del rey, por ley,
Lleva el papel del Estado:
El niño fue fusilado
Por los fusiles del rey.

Festejar el santo es ley
Del rey: y en la fiesta santa
¡La hermana del niño canta
Ante la imagen del rey!

---

87 Este poema proviene de *Versos sencillos* (1891). En la nota introductoria del libro, firmada en Nueva York, Martí escribe: «Se imprimen estos versos porque el afecto con que los acogieron, en una noche de poesía y amistad, algunas almas buenas, los ha hecho ya públicos. Y porque amo la sencillez, y creo en la necesidad de poner el sentimiento en formas llanas y sinceras».

AL EXTRANJERO[88]

I

Hoja tras hoja de papel consumo:
Rasgos, consejos, iras, letras fieras
Que parecen espadas: lo que escribo,
Por compasión lo borro, porque el crimen,
El crimen es al fin de mis hermanos.
Huyo de mí, tiemblo del Sol; quisiera
Saber dónde hace el topo su guarida,
Dónde oculta su escama la serpiente,
Dónde sueltan la carga los traidores,
Y dónde no hay honor, sino ceniza:
¡Allí, mas solo allí, decir pudiera
Lo que dicen ¡y viven! ¡que mi patria
Piensa en unirse al bárbaro extranjero!

II[89]

Yo callaré: yo callaré: que nadie
Sepa que vivo: que mi patria nunca
Sepa que en soledad muero por ella:
Si me llaman, iré: yo solo vivo
Porque espero a servirla: así, muriendo,
La sirvo yo mejor que husmeando el modo
De ponerla a los pies del extranjero.

---

88 Tomado de Manuscrito del Centro de Estudios Martianos. Nota original: «Hay un borrador de este poema, sin título».

89 Nota original: «Se incorpora a la composición esta segunda parte, hallada entre los manuscritos publicados en la sección “Fragmentos y poemas en elaboración”, de *OC.* (t. 17, p. 262). Martí dejó en esbozo otras posibles secciones del mismo poema».

Salvador Díaz Mirón (1853-1928)

Tuvo una vida polémica debido a su temperamento explosivo, que motivó en varias ocasiones su participación de duelos, práctica que le valió enemigos, lesiones y encarcelamientos. Prolífico en la tarea periodística, llegó a ser director de *El imparcial* y, en política, se desempeñó como un parlamentario afín al conservadurismo, pues gozó de la Pax Porfiriana y apoyó después al gobierno golpista de Huerta. Esta toma de postura lo llevó al exilio después del triunfo revolucionario. Al margen de su actividad pública, es una de las voces más genuinas y poderosas de la poesía mexicana.

JUSTICIA[90]

Fuerza es convenir en ello:
todo hombre es un pecador;
no hay nadie que en su interior
no esté con la soga al cuello.
Anónimo

¡Ceñudo y calenturiento,
sacudo la frente fiera,
cómo si así consiguiera
arrojar el pensamiento!
Pero altivo en mi tormento,
miro el tiempo que pasó…
¡Que las faltas en que yo
—frágil como hombre— incurrí,

---

[90] Publicado en *El Parnaso Mexicano*, Librería La Ilustración, pp. 27-28, el 15 de abril de 1886. En algunos libros del autor el poema aparece con el subtítulo «Fragmentos de un libro».

podrán afligirme, sí;
pero avergonzarme… no!

¡Dicen que todo mortal,
hasta el que lleva la palma,
es, por fallo de su alma,
un condenado al dogal!
Mas no tiene suerte igual
la púrpura y el andrajo:
cuando el culpable no es *bajo*,
es menos vil su sentencia…
Por eso yo en mi conciencia
¡reclamo el hacha y el tajo!

ASONANCIAS[91]

Sabedlo, soberanos y vasallos,
próceres y mendigos:
nadie tendrá derecho a lo superfluo,
mientras alguien carezca de lo estricto.

Lo que llamamos «Caridad», y ahora
es solo un móvil íntimo,
será en un porvenir lejano o próximo
el resultado del deber escrito.

Y la Equidad se sentará en el trono
de que huya el Egoísmo,
y a la ley del embudo, que hoy impera,
sucederá la ley del equilibrio.

---

91 Publicado en *El Valedor*, núm. 5, p. 4, el 4 de enero de 1886. En esa versión, las primeras letras del quinto verso dicen «La que llaman» y el verbo del décimo verso dice «huye».

Manuel Gutiérrez Nájera
(1859-1895)

Poeta mexicano que representó el ideal de toda una época: la línea de la elegancia como estilo de vida y la senda del refinamiento estético fueron sus vías espirituales. Además de la poesía, cultivó la prosa como periodista utilizando pseudónimos como «Mr. Can-Can» y «El Duque Job». Refundó la tradición del cronista de la Ciudad de México. Fue una figura continental que anticipó el modernismo dariano y promovió el movimiento americano desde las páginas de la revista *Azul.* Murió desangrado a causa de una mala intervención quirúrgica a los treinta y cinco años.

JUSTICIA SECA

No pretendas que te diga
Cuál venganza, por terrible,
Sea mejor;
Solo el tiempo bien castiga:
Ese es, Juan, el inflexible
Vengador!
En los conflictos de amores
Mal nos aconseja, herida,
La altivez;
De corazones traidores,
La vida y no más la vida
Es el juez.
Si te engaña la que quieres
O te abandona inconstante,
Ya verás
Cómo, sin que mucho esperes,
Se burla de ella otro amante
Mucho más.

Juzga el tiempo inexorable
Estos delitos de leso
Corazón,
Y aplica siempre al culpable
La dura ley sin proceso
Del Talión.
Y si es tan fiel su balanza,
Si no perdona ni olvida
Lo que fué,
¿Para qué tomar venganza
Ni esperarla en otra vida?
¿Para qué?

1880

Rubén Darío
(1867-1916)

Su nombre es sinónimo de excelencia literaria, hasta el punto de que su quehacer poético le brindó el título de príncipe de las letras castellanas. Desde muy joven mostró su extraordinario talento en Nicaragua y, después de la publicación de *Azul*, fundó un movimiento trasatlántico que revolucionó la poesía en nuestra lengua por su universo metafórico, sus cláusulas rítmicas y su renovación métrica. Diplomático y periodista, recorrió buena parte del continente, siendo significativas sus etapas en Chile y Argentina. Junto a Garcilaso y Góngora, Darío es una de las cumbres de la poesía escrita en español de todos los tiempos.

LAMED[92]

Temblad, temblad tiranos, en vuestras reales sillas.
Ni piedra sobre piedra de todas las Bastillas
mañana quedará.
Tu hoguera en todas partes, ¡oh Democracia!, inflamas;
tus anchos pabellones son nuestras oriflamas,
y al viento flotan ya.
No encorvaráse el siervo, no gemirá el esclavo;
no dictará sus leyes el dueño altivo y bravo,
no habrá látigo el rey.
Verá campos abiertos la multitud obrera
y quebrantando el yugo la nuca prisionera,
será búfalo el buey.

---

92 Este poema apareció en *El Eco Nacional*, León, núm. 82, año 1, 14 de marzo de 1889, formando parte de la obra llamada *El salmo de la pluma*. La serie consistió en escribir poemas en torno a letras hebreas.

Cuando se desentense el arco puesto en comba,
traerá en el pico al mundo la mística colomba,
la oliva de la Paz.
Y el hombre, como el cóndor de poderosos vuelos,
navegará en los aires, camino de los cielos,
en su navío audaz.
Vino oloroso y nuevo de viña virgen; vino
que bulles y fermentas en el lagar latino,
danos calor y luz,
al ir al sacrificio llevando en triunfo al toro
que consagrado al numen, lleve ceñido de oro
y rosas el testuz.

María Eugenia Vaz Ferreira (1875-1924)

Es considerada la iniciadora de la rica tradición de poesía femenina en Uruguay, junto a Juana de Ibarbourou y Delmira Agustini. Dotada de un gran oído gracias a su formación musical, particularmente a través de su dominio del piano, sus poemas mantienen una cadencia empírica ausente de formalismos. Poeta cuya obra está permeada de una carga simbolista, es apreciada como una modernista tardía que se inspiró en la lectura de poetas alemanes y temáticas metafísicas. En la Universidad de Mujeres de Montevideo se desempeñó en funciones administrativas y profesorales en la Cátedra de Literatura.

EL CENTINELA

Es de junio la media noche impía
y volvemos en ronda de alegría
a la dorada claridad del cielo,
despertando las calles silenciosas
con nuestras risas de sonantes glosas
bajo las togas de albo terciopelo.
Y riendo y cantando a la ventura
nos cruzamos con una mancha oscura
que azota sin cesar el crudo viento;
es la silueta del guardián nocturno
que nos mira con ojo taciturno
como la sombra del remordimiento.

Fuentes consultadas

Araneda, Rosa, *Poesías populares/ El cantor de los cantores,* Santiago de Chile: Imprenta Cervantes, 1893.

Bello, Andrés, *Poesías,* Caracas: La Casa de Bello, 1891.

Carilla, Emilio (ed.), *Poesía de la independencia,* Caracas: Biblioteca Ayacucho, 1979.

Castañeda, Claudio A. y Jiménez, Manuel de J., «Sobre la Iuspoética», *Studi Ispanici,* Pisa, Fabrizio Serra editore, núm. 39, 2014.

Darío, Rubén, *Poesía,* ed. de Ernesto Mejía Sánchez y Julio Valle Castillo, Managua: editorial Hispamer, 2011.

Díaz Mirón, Salvador, *Poesía completa,* ed. de Manuel Sol, México: FCE, 1997.

Gargarella, Roberto, *La sala de máquinas de la Constitución. Dos siglos de constitucionalismo en América Latina (1810-2010),* Buenos Aires: Katz, 2014.

Gómez de Avellaneda, Gertrudis, *La noche de insomnio. Antología poética,* ed. de Antón Arrufat, La Habana: Letras Cubanas, 2003.

González Prada, Manuel, *Antología poética,* ed. Carlos García Prada, México: editorial Cvltvra, 1940.

González Prada, Manuel, *Baladas peruanas,* ed. de Ricardo Silva-Santisteban, Sevilla: Sibila-Fundación BBVA, 2009.

Gutiérrez Nájera, Manuel, *Poesía,* ed. de Ángel Muñoz Fernández, México: Factoría ediciones, 2000.

Guzmán Moncada, Carlos, *De la selva al jardín. Antologías poéticas hispanoamericanas del siglo XIX,* México: FFyL UNAM, 2000.

Häberle, Peter, *El Estado constitucional*, trad. Héctor Fix-Fierro, México: UNAM-IIJ, 2001.

Jiménez Moreno, Manuel de J., «Guerra, justicia y reforma constitucional. Dos poemas de Ignacio Ramírez en su bicentenario», *POETIKA1*, Pittsburgh, núm. 3, enero 2019.

— «Justicia poética en las dos Américas: Walt Whitman y Rubén Darío», *Autoctonía. Revista de Ciencias Sociales e Historia*, vol. 5, núm. 1, febrero de 2021.

— «Poéticas sobre la justicia en el modernismo mexicano. Manuel Gutiérrez Nájera y Salvador Díaz Mirón», *Iuris dictio. Revista del Colegio de Jurisprudencia de la Universidad de San Francisco de Quito*, núm. 18, 2016.

— *Dioses procesales. La cultura jurídica en el Barroco desde la poesía*, México: Instituto de la Judicatura Federal, 2018.

Jiménez Rueda, Julio, *Letras mexicanas en el siglo XIX*, México: FCE, 1989

Martí, José, *Ismaelillo/ Versos libres/ Versos sencillos*, ed. de Ivan A. Schulman, México: Red Editorial Iberoamericana, 1987.

— *Poesía completa. Tomo I*, edición crítica, ed. de Eliana Dávila, La Habana: Editorial Letras Cubanas, 2012.

Martínez Carrizales, Leonardo, *Tribunos letrados. Aproximaciones al orden de la cultura letrada en el México del siglo XIX*, México: UAM-Azcapotzalco, 2017.

Mondragón, Rafael, *Filosofía y narración. Escolios a tres textos del exilio argentino de Francisco de Bilbao (1858-1864)*, México: Centro de Investigaciones sobre América Latina y el Caribe UNAM, 2015.

Pardo y Aliaga, Felipe y Fuentes, Manuel Atanasio, *Sátira constitucional peruana*, introd. Carlos Ramos Núñez, Lima: Tribunal Constitucional del Perú, 2019.

Pardo, Felipe, *Poesías y escritos en prosa,* París: Imprenta de los Caminos de Hierro, 1869.

Rama, Ángel, *Rubén Darío y el modernismo,* Barcelona: Alfadi Ediciones, 1985.

— *La ciudad letrada,* pról. Carlos Monsiváis, Santiago: Tajamar editores, 2004.

Ramos, Julio, *Desencuentros de la modernidad en América Latina: literatura y política en el siglo XIX*, Buenos Aires: CLACSO, 2021.

Ramírez, Ignacio, *La palabra de la reforma en la República de las letras,* ed. de Liliana Weinberg, México: FCE-FLM-UNAM, 2009.

Rodríguez, Simón, *Sociedades americanas en 1828. Edición facsimilar, documentada y anotada de los cinco impresos que conforman el proyecto editorial*, María del Rayo Ramírez Fierro, Rafael Mondragón Velázquez y Freja Ininna Cervantes Becerril (coords.), México: Universidad Autónoma Metropolitana-Iztapalapa, 2018.

Sánchez, Cecilia, *El conflicto entre la letra y la escritura. Legalidades/ contralegalidades de la lengua en Hispano-América y América-Latina,* Santiago: FCE, 2013.

Vaz Ferreira, María Eugenia, *Poesías completas,* Montevideo: Ediciones de la Plaza, 1986.

Índice de primeros versos